T0209874

Printed in the United States
By Bookmasters

بسم الله الرحمن الرحيم

كفايات
المدير العصري للمؤسسات
الإدارية والتربوية

كفايـــات
المدير العصـري للمؤسسـات
الإدارية والتربوية

الدكتـور

محمد محمود الفاضل

الطبعة الأولى

1431هـ - 2010م

المملكة الأردنية الهاشمية
رقم الإيداع لدى دائرة المكتبة الوطنية
(2009 / 6 / 2656)

371.2

الفاضل ، محمد
كفايات المدير العصري للمؤسسات الإدارية والتربوية/ محمد محمود الفاضل.
_ عمان :دار الحامد للنشر ، 2009 .
( ) ص .
ر. أ. : (2656 / 6 / 2009) .
الواصفات : / الإدارة التربوية// الإدارة التنفيذية/

❖ أعدت دائرة المكتبة الوطنية بيانات الفهرسة والتصنيف الأولية .

* (ردمك) ISBN 978-9957-32-461-2

دار الحامد للنشر والتوزيع

شفا بدران - شارع العرب مقابل جامعة العلوم التطبيقية
هاتف: 00962- 5231081 فاكس : 00962- 5235594
ص.ب . (366) الرمز البريدي : (11941) عمان - الأردن

Site : www.daralhamed.net
E-mail : info@daralhamed.net
E-mail : daralhamed@yahoo.com
E-mail : dar_alhamed@hotmail.com

بسم الله الرحمن الرحيم

﴿وما أوتيتم من العلم إلا قليلاً﴾

صدق الله العظيم

سورة الإسراء/ الآية (85)

المحتويات

مقدمة

إن مهمة التربوي لم تعد تقتصر على تقديم التعليم، بل تعدتها إلى مجالات أخرى كالتوعية الأمنية والصحية والغذائية... الخ. كما إن زيادة ثقافة المجتمع حملت التربية الدور الأول في مساعدة المتعلمين لأن يكونوا أفراداً صالحين في عالم يتطلب المعرفة والتفكير والعناية وطرق حل المشكلات وقياس الكفاءة. ولهذا فعلى التربية أن تعيد النظر في نوعية ما تقدمه وكيفية تقديمه لمتعلميها وذلك للوصول إلى تطور أكبر ومساهمة وفاعلية أكثر. وهذا التطور يتطلب تنظيماً مركزاً لتحسين العملية التعليمية بشكل دقيق وبأقل جهد ووقت ومال، الذي يمكن تحقيقه عن طريق التخطيط المتقن الذي يرسم الصورة المستقبلية المرجوة ويبين كيفية الوصول إليها، فكما أن كل عمل ارتجالي يغلب على نتائجه الهدر والضياع، فإن أي عمل مخطط له يتميز بحسن الاستثمار في الوقت والإمكانيات.

إن تطور المجتمعات وتعقدها يقود إلى الحاجة إلى تفعيل التخطيط، وخاصة في ظل مختلف العوامل والمتغيرات التي تؤثر على العملية التعليمية كماً ونوعاً، كتزايد أعداد الطلاب واختلاف الجهات التي تقدم التعليم ومحدودية الموارد وتعدد العوامل التي تؤثر على شخصية الطالب وهذا يحتم على القائمين على الميدان التربوي الأخذ بالتخطيط بشكل حقيقي وفعال ويؤكد الحاجة إلى استخدام أكثر أنواع التخطيط مناسبةً في الوقت الحالي والتي من ضمنها التخطيط الاستراتيجي، الذي "لا يدرس الماضي ويشخص الحاضر ويقرأ المستقبل فحسب، بل يشكل المستقبل المرغوب الوصول إليه ويصنعه فهو يتميز بالديناميكية والتغيير المستمر والتفاعل مع البيئة الخارجية غير

المستقرة، ويفترض في المؤسسة التعليمية أن تكون نظاماً مفتوحا (حلمي، وآخرون، 2003، ص59، 60).

وبالنظر إلى حقيقة العملية التخطيطية في المجال التعليمي في المملكة الأردنية الهاشمية، فإننا نجد أنه ينقصها بعض المقومات وتحتاج إلى إعادة نظر في كيفية تطبيقها، بل إن هناك عدة صعوبات ومشكلات تلعب دوراً كبيراً في إعاقة الأخذ بعملية التخطيط في المجال التعليمي بالشكل الأفضل، من أهمها نقص الخبرات المتخصصة في التخطيط التربوي وإعداد الخطط، ولعل هذا النقص يعود إلى أن كثيراً من الجهات التعليمية لا تعطي القدر الكافي من الاهتمام لإعداد أفرادها لممارسة العملية التخطيطية كونها تحتاج إلى برامج تدريبية طويلة المدى في إعدادهم على كيفية إعداد الخطط التربوية وكيفية متابعة تنفيذها وتقويمها وتوجيه منفذيها، وساهم هذا النقص في إيجاد ضعف بالوعي التخطيطي وأهميته.

وعلى الرغم من ذلك، فإن هناك جهوداً جادة للأخذ بمنهجية أفضل في التخطيط على مستوى المملكة الأردنية الهاشمية نتيجة لزيادة اهتمام الدولة بالرؤية المستقبلية لجميع القطاعات بما فيها قطاع التعليم. وهذا يؤكد زيادة الاهتمام بموضوع التخطيط وكفاياته الضرورية، كما في منهجية التخطيط المتبعة في الخطة الخمسية السابعة حيث اعتمدت منهجية التخطيط الاستراتيجي الذي يعد دليلاً لمسارات التنمية المستمرة ومتضمناً رؤى إستراتيجية متسقة مع سياسات اقتصادية ومالية ذات المدى البعيد. وأما على المستوى التنفيذي في وزارة التربية والتعليم فقد اتخذت عدة خطوات جادة وفاعلة تتمثل في إنشاء إدارة متخصصة في التخطيط التربوي والتي من أبرز

مهامها وضع خطة طويلة الأمد للعمل التربوي بالوزارة وما يلزمها من خطط تفصيلية قصيرة، والاستفادة من الخبراء العالميين – الزائرين أو المقيمين – في المنظمات العالمية مثل منظمة "اليونسكو".

ومن أبرز الجوانب التي ينبغي التركيز عليها جانب إعداد الكوادر البشرية المؤهلة في التخطيط التربوي سواءً تلك التي تشارك في وضع الخطط أو تلك التي تساهم في تنفيذها، لتحقيق الأهداف المرجوة على أفضل صورة ولمشاركة القيادات التربوية في الميدان التربوي وعلى رأسهم مديرو التربية والتعليم ومشرفي المباحث في عملية الإعداد والتنفيذ. "إن من الواجب مشاركة المدير والمشرف التربوي بشكل مباشر في العملية التخطيطية، حيث أنهما القادرين على التحديد الدقيق لمكان إداراتهم ومواقعها في البيئة المحيطة، ولأن الفجوة التخطيطية بينهم وبين الجهاز التخطيطي المتخصص تسبب انحراف آمال المؤسسة التربوية وبناءها وأهدافها ومبادئها الأساسية". (كاست وروزينزفيق) والمشاركة هذه تحتاج إلى توافر كفايات معرفية وأدائية خاصة في هذا المجال لضمان جودة التأثير والمشاركة، ولتساعد في نجاح الخطط تنفيذاً ومتابعةً.

عن توفر هذه الكفايات التخطيطية لدى القادة التربويين يوفر المهارات اللازمة لعمليات التخطيط، كما إن وجودها يمثل مؤشرات دالة على مدى قدراتهم، حتى يمكن تنمية هذه القدرات وتعزيزها من خلال البرامج التدريبية والتي بدورها تؤدي إلى أداء أفضل ومن ثم إلى مستقبل أفضل. فالمستقبل لا يمكن تحديده ولكن يمكن تشكيله بالاعتماد على الدور الذي يلعبه القادة التربويون أنفسهم، مما يقودهم إلى ضرورة تحديد الاحتياجات التدريبية ذات الصلة بهذا الدور والمهارات المطلوبة (بيرتراند، Bertran, 1992 p.96).

الفصل الأول

القيـــــادة

القيـــادة

مفهوم القيادة:

إن للقيادة دوراً مهماً في سير العملية الإدارية في المؤسسة التربوية لتحقيق أهدافها واستراتيجياتها بالشكل الأفضل. ولقد حاز موضوع القيادة على اهتمام كبير من قبل الباحثين في شتى المجالات، حيث تناولت جميع جوانب هذا الموضوع سـواءً من ناحية المفهوم أو النظريات أو الأنماط. فنجد أن النمر (النمر، 2000) يعرف القيادة على التأثير في سلوك أفراد الجماعة وتنسيق جهودهم وتوجيههم لبلوغ الغايات المنشودة.

وهذا المفهوم يمكن أن يبين ثلاثة عناصر أساسية للقيادة:

1. وجود مجموعة من الأفراد يعملون في تنظيم معين.

2. قائد من أفراد الجماعة قادر على التأثير في سلوكهم وتوجيههم.

3. هدف مشترك تسعى الجماعة إلى تحقيقه. (النمر، 2000، ص 314)

وذكر نصير (نصير، 1998، ص 11) أنه لابد من التأكيد على أن القيادة مشتقة من القوة، ولتعريف القيادة يجب أن نفهم ثلاثة مصطلحات رئيسة ومرتبطة مباشرة بالقيادة وهي: القوة، والتأثر، والسلطة، أما القوة فهي القدرة الكامنة على التأثير في سلوك الآخرين وترتبط بشكل عام بالسيطرة على الموارد القيمة أو النادرة، أما التأثير فيظهر عندما يمارس شخص ما قوته بوعي أو غير وعي في التأثير على سلوك واتجاهات شخص آخر. والسلطة هي القوة الناتجة أو الممنوحة من قبل المنظمة، فإذا بين المخطط التنظيمي أن يوسف هو الرئيس وأن سالم هو المرؤوس، فإن ذلك يعني أن ليوسف سلطة

على سالم، من الطبيعي أن يعترف ويقبل المرؤوسون سلطة رئيسهم حتى تصبح سلطة لها معنى حقيقي، أما خارج العمل، فقد لا يكون ليوسف أي سلطة على سالم.

ويمكن تعريف القيادة على أنها عملية التأثير في نشاطات الجماعة بهدف تحقيق الأهداف، وهذا التعريف يحتوي على مفهومين أساسيين. أولهما أن القيادة هي علاقة بين فردين أو أكثر يكون فيها التأثير والقوة موزعين بشكل غير متكافئ، وهذا التعريف يفرق بين القائد المعين للجماعة (الفرد المسؤول عن الجماعة والذي أعطى السلطة ليؤثر على سلوكها)، والقائد غير المعين الذي يمارس السلوك القيادي عندما يكون عضواً مؤثراً في الجماعة، أما المفهوم الثاني للتعريف فهو أن القيادة لا توجد بشكل منعزل أي لا تفرق بين القائد والجماعة. ويقدم الأزهري (الأزهري، 1992، ص 86) تعريفاً شاملاً لمفهوم عملية القيادة واصفاً لها بأنها "قيادة مجموعة الأفراد بما يوجه وينمي العمل الفردي والعمل المشترك بينهم، وتنمية روح الجماعة وروح التعاون لديهم، ثم بينهم وبين النشأة، وإيجاد درجة كافية من التحمس والعطاء لديهم والارتباط بالمنظمة، وبناء علاقات طيبة وجو تسوده الاستجابة والثقة والاحترام المتبادل، ومن ثم – وهذا هو رد الفعل – التأثير في معلومات واتجاهات وسلوك المجموعة بما يحقق رضاءهم وأهدافهم ورضاء وأهداف المنشأة، وتلك هي النتيجة".

إن هذا لا يأتي من فراغ بل من صفات وسلوكيات، وقدرات معينة لدى المدير أو القائد – وبالتالي فللقيادة جانبان: جانب مادي عملي يتمثل في شخصية القائد وقدراته ومعرفته وخبراته سواء في العمل أو في أصول الإدارة أو في أصول

القيادة، وجانب سلوكي يتمثل في سلوكياته من أسلوبه ومنهجه في العمل مع العاملين من ناحية أخرى ورؤيته ونظرته إلى العاملين وإحساسه بمشاعرهم ثم قدرته التأثيرية. كما يعـرف مرسي (مرسي، 1998، ص 141) القيادة بأنها "السلوك الذي يقوم به الفرد حين يوجه نشاط جماعة نحو هدف مشترك" وهناك مكونات رئيسة لهذا السلوك تتمثل في: المبادأة أي تملك القائد لزمام الموقف، والعضوية؛ أي العمل على تخفيف حدة الصراع بين أعضائها، والتنظيم؛ أي تحديد سلوك الأفراد أو الجماعة في اتخاذ القرارات أو التعبير عن الرأي، والاتصال؛ أي تبادل المعلومات بينه وبين أعضاء الجماعة، والتقدير؛ أي تأييد أو مخالفة أعضاء الجماعة والإنتاج؛ أي تحديد مستوى الجهد والانجاز. ويعرف الهواري (الهواري، 1999م، ص 31) القيادة بأنها:

● تحديد الاتجاه: الرؤية والاستراتيجيات.

● تعبئة أعضاء المنظمة وأصحاب المصالح المختلفة خلف الرؤية والاستراتيجيات.

● تحفيز وتشجيع الناس: من أجل تحقيق الرؤية بصرف النظر عن المعوقات.

وهذه العمليات القيادية تحدث تغييرات جوهرية في المنظمة، وتساعد المنظمة على التلاؤم مع متطلبات البيئة.

القيادة التربوية:

تلعب القيادة التربوية دوراً بارزاً في قيام جميع العاملين في المؤسسات التربوية بواجباتهم، وفي تحقيق العملية التربوية لأهدافها. وهي ليست مقتصرة على من يشغل المركز القيادي بحكم وظيفته، بل إنها قد تنبع من بين المجموعة، وقد تتغير المواقف والمبادرات، إذ قد تنتقل في المجموعة من بين يدي القائد الرسمي إلى أيدي التابعين له. عن طريق ما يقدمونه من إبداع، وما يلعبونه من أدوار فاعلة، ويبقى القائد في هذه الحلة قائداً اسمياً محتفظاً بالاسم الرسمي.

إن تعريف القيادة لا يقتصر على مجال أو تخصص معين، بل يمكن إطلاق أي تعريف للقيادة على أي مجال مع صبغة ذلك المجال. من هذا المفهوم يمكن تعريف القيادة التربوية أنها (تأدية لادوار ومسؤوليات تربوية يؤدي حسن القيام بها إلى استمرارها ويؤدي الفشل في تحمل مسؤلياتها والقيام بوظائفها. إلى انتقالها عملياً إلى من يبرز من أعضاء المجموعة. رغم بقائها اسمياً للقائد الرسمي) ويعرفها "سيكلر هدسون" أحد علماء التربية بأنها "التأثير في الأفراد وتنشيطهم للعمل معاً، في مجهود مشترك، لتحقيق أهداف التنظيم الإداري". كما عرفها (اوردو تيد) بأنها: "النشاط المتخصص، الذي يمارسه شخص للتأثير في الآخرين، وجعلهـم يتعاونـون لتحقيـق هدف يرغبون في تحقيقـه". (علي، 1990م، ص 11) كمـا يذكر اليـاس (الياس، ب ت، ص 167 - 168) أن نجاح القائد في تأدية دوره هو الذي يكفل له الاستمرار يفيه إذ أن الدور هو ذلك الإطار المعياري للسلوك الذي يطالب به الفرد نتيجة اشتراكه في علاقات وظيفية. بصرف النظر عن رغباته الخاصة أو

الالتزامـات الخاصــة البعيـدة عن هذه العلاقة الوظيفية. ويعرف الهاشل (1407، ص 256) القيادة التربوية بأنها (وظيفة تتطلب سلوكيات إنسانية تساعد المؤسسة على تحقيق أغراضها المتغيرة وتوجيه بعضها نحو الإنتاجية أو إجراء الأعمال المكلفة بها. وبعضها الآخر نحو العلاقات الشخصية المتداخلة ضمن ظروفها ومناخها الاجتماعي).

أنماط القيادة:

لقد صنف العلماء المختصون القيادة إلى تصنيف رئيسيين هما:

1. **التصنيف الأول ويندرج تحته الأنواع التالية:**

- **القيادة التقليدية:** تقوم على أساس تقدير السن، وفصاحة القول، والحكمة، وفصل الخطاب، وما على الأفراد إلا الطاعة المطلقة.
- **القيادة العقلانية:** وتقوم على الطاعة والولاء لمجموعة الأصول والمبادئ والقواعـد المراعية الثابتة، وليس لاعتبارات شخصية. (علي، 1990، ص 57).

2. **التصنيف الثاني ويندرج تحته:**

- **القيادة التسلطية** (الأوتوقراطية، الديكتاتورية) تقوم على الاستبداد والتعصب، وتستخدم أساليب الفرض والإرغام والإرهاب والتخويف. ويضيف عقيلي (1996م، ص 289) أن هذه القيادة تؤمن بمركزية السلطة واتخاذ القرارات، إذ على جميع المرؤوسين قبل أن يقوموا بأي تصرف أن يرجوا به إلى رئيسهم، الذي بدوره يزودهم بكافة المعلومات التفصيلية التي يحتاجونها في أداء

أعمالهم، والقائد الأوتوقراطي الذي يطلق عليه تسمية الديكتاتور" يؤمن بسياسة المكافأة والعقاب. وتعتمد الأوتوقراطية في الإشراف على السلطة الرسمية الممنوحة لها بموجب القانون أو التفويض، والتي تخول القائد فرض العقوبة أو منح المكافأة دون أن تولي اهتماماً لتنمية العلاقات الشخصية الطيبة مع المرؤوسين، وبالتالي يمكن القول أن القيادة الأوتوقراطية لم تحقق مكانة ذات قيمة حقيقية في مراعاة شعور المرؤوسين.

- **القيادة التسيبية:** "ترك الحبل على الغارب" وتقوم على توصيل المعلومات للآخرين دون متابعة.

ويضيف عقيلي (عقيلي، 1996، ص 289) أن هذه القيادة نقيض النمط السابق، وبموجبها تعطى حرية كبيرة للعاملين في أداء أعمالهم، إذ يزودون بكافة المعلومات والمستلزمات التي يتطلبها العمل، ثم تترك لهم حرية التصرف دون تدخل، لقد أثبتت الدراسات أنه على الرغم من التأثير الايجابي لهذا النمط القيادي في معنويات العاملين، إلا أنه على الرغم من التأثير الايجابي لهذا النمط القيادي في معنويات العاملين، إلا أنه قد يحدث نوعاً من الشطط والفوضى في العمل، واحتمال سوء واستغلال هذه الحرية من قبل العاملين لتحقيق أغراض ذاتية، وبوجه عام يمكن القول أن هذا النمط القيادي يتناسب في التعامل مع كبار العاملين ومن يشغلون مناصب إدارية في المنظمة، أو مع أساتذة الجامعات والأطباء ورجال البحث العلمي الخ... هؤلاء الذين يمتلكون مستويات ذهنية وعلمية عالية تسمح باستخدام هذا النمط القيادي معهم في التوجيه والإشراف.

- **القيادة الديمقراطية:** تعتمد على احترام شخصية الفرد وأنه غاية في ذاته، وكذلك على الاستشارة والتعاون، وهي من أهم أنماط القيادة، وذلك لفاعليتها وأثرها في الإنتاج مع الجودة.

ويضيف عقيلي (عقيلي، 1996، ص 290) أن هذا النمط وسط بين النمطين السابقين، وبموجبه يقوم الرئيس بتحديد الأهداف ووضع الخطة والسبل الكفيلة لتحقيقها، وذلك بمشاركة مرؤوسيه أي بالاتفاق معهم، وهو بذلك يشعرهم بأهميتهم ودورهم في العمل وتحقيق الأهداف، وهذا ما يحدث تأثيراً ايجابيا في معنويات المرؤوسين.

ويمكن القول أن النمط القيادي الديمقراطي الذي يعتمد على المشاركة في اتخاذ القرار، هو أفضل نمط في التطبيق العملي، وهذا ما أشارت إليه الدراسات والتجارب في الواقع الفعلي والتطبيقي.

ويضيف الياس (الياس، ص 173) أن القيادة الديمقراطية تقوم على أساس الاحترام المتبادل بين القائد وتابعيه واعتبار كل أفراد المجموعة ذوي أهمية بالغة في تسيير المنظمة وتحقيق أهدافها فتتاح الفرص للجميع للإبداع والابتكار الإسهام الفاعل في رسم السياسة واتخاذ القرارات، وتحديد الأهداف وتنفيذها. ويتسم سلوك القائد الإداري الديمقراطي بما يلي:

- الاحترام المتبادل بين القائد المجموعة.
- احترام خصوصية الأفراد ما دام ما دام ذلك لا يؤثر على حرية الآخرين.
- إتباع مبدأ المساواة في الحقوق والامتيازات لنفسه ولمجموعته.
- إتاحة فرص النمو المهني والوظيفي لأفراد المجموعة.

– إتباع أسلوب التوجيه الذاتي للعاملين معه بخلق روح الثقة بينهم في أنفسهم ومع زملائهم.

– التحلي بالحكمة والذكاء والعقلانية في تصرفاته مع زملائه.

– العمل على تنمية نفسه مهنياً وفنياً.

– كما يضيف الياس أياً أن هذه القيادة تقوم على الأسس والمبادئ الهامة التالية:

– تشجيع فردية العاملين، بالتعرف على فروق الميول والقدرات والحاجات والاستعدادات للمساعدة على نموهم، وإتاحة فرص الابتكار لهم. مما يساعد بالتالي على النمو والتطور.

– تنسيق الجهود بين العاملين: بحيث يعمل الجميع متعاونين، بعيدين عن الأنانية، في سبيل انجاح العمل.

– المشاركة الفاعلة في تحديد السياسات ورسم خطط العمل والبرامج، وذلك عن طريق تداول الرأي والمشورة.

– تفويض السلطة، للعاملين، مع منحهم الصلاحيات لتنفيذ ما يوكل إليهم من واجبات وإعمال.

– التعرف على ميولهم وقدراتهم؛ لأن ذلك يساعدهم على توزيع العمل ونجاحه وتطويره.

– تحديد واجبات العمل، خوفاً من تضارب وتشابك الآراء، مما يشكل بالتالي عقبة إمام العمل والإنتاج.

– العدالة والنزاهة بين جميع العاملين، مما يشاع على العمل بجهود فاعلة مثمرة.

– العلاقات الإنسانية – من احترام متبادل، تقدير للعاملين، والعمل على حل مشكلاتهم الخ.

– وضع برنامج للعلاقات العامة: يقصد منه تعريف السلطات التعليمية، والمجتمع المحلي، بسياسة المؤسسة التربوية وبرامجها، وما تقوم به من أنشطة.

كما يؤكد علي (علي، 1990، ص 57) على أن نمط القيادة الديمقراطية هو الذي يصلح للمؤسسة التعليمية لعدة عوامل أهمها:

– انتشار الفلسفة التربوية الديمقراطية وتطبيقها في المؤسسات التربوية.

– إن الناس يعلمون سوياً بطريقة أفضل وبفاعلية أعظم، حيث يشتركون في وضع أهداف، وفي وضع طرق العمل.

– إن الناس يكونون أكثر سعاة وإنتاجا، واقل تعدياً بعضهم على بعض، حيث تكون القيادة قيادة تعاونية تنبع من الجماعة.

القيادة الموقفية:

يضيف أحمد (أحمد، 1996، ص 31) إن في هذا النوع من القيادة يراعي القائد جميع الإمكانات والظروف والمتغيرات التي تشكل الموقف، وذلك عند اتخاذه لقراراته، وتتسم هذه القيادة بالمرونة، والقدرة على مجابهة

المشكلات المتجددة، ووضع اللازمة لها في ضوء مجموعة المتغيرات المحيطة.

كما تنقسم أنماط القيادة من وجهة نظر علماء الإدارة كما يذكرها الشريف (الشريف، 1996، ص 27 - 32) إلى ثلاثة محاور أساسية:

1. أنماط القيادة من حيث الفاعلية في الأداء.

2. أنماط القيادة من حيث مركز اتخاذ القرارات.

3. أنماط القيادة من حيث أسلوب إثارة دوافع العمل لدى المرؤوسين.

أنماط القيادة من حيث الفاعلية في الأداء:

وتكون اهتمامات القيادة الإدارية فيها موجهة لكل من طبيعة العمل (الإنتاج)، وطبيعة العاملين (المرؤوسين)، ولا تخرج عن أربعة أنماط، هي:

أ.   قيادة ترتكز على اهتمامها بالعمل، هي (قيادة متفانية).

ب.   قيادة تهتم بالعلاقات مع الناس، وهي (قيادة مرتبطة).

ج.   قيادة تهتم بالعمل والعلاقات مع الناس، وهي (قيادة متكاملة).

د.   قيادة لا تهتم بالعمل ولا بالعلاقات مع الناس، وهي (قيادة منفصلة).

أنماط القيادة من حيث مركز اتخاذ القرارات:

أما اهتمامات القيادة الإدارية من حيث نظرتها إلى مركز اتخاذ القرارات فإنها لا تخرج عن 3 أنماط:

1. النمط الأوتوقراطي (المتسلط).

2. النمط الديمقراطي.

3. النمط الفوضوي (الحر).

أنماط القيادة من حيث أسلوب إثارة دوافع العمل لدى المرؤوسين:

يختلف القادة بينهم في طريقة حفز الأفراد، وبالتالي يمكن تقسيم أنماط القيادة طبقا لنوع وطبيعة الدوافع، أو الحوافز التي يستخدمها القائد إلى:

أ.   قيادة ايجابية.

ب. قيادة سلبية.

أنماط القيادة من وجهة نظر رجال القانون:

وقد قسمها رجال القانون من حيث مركز إصدار القرار إلى:

1.   قيادة مركزية.

2.   قيادة لا مركزية.

نظريات القيادة:

تعددت النظريات والبحوث التي سعت إلى فهم وتفسير طبيعة القيادة، ويمكن إن تصنف تلك النظريات وما تمخض عنها من اتجاهات بحثية في النظريات التالية (النجار، 2002م، ص 138):

أ. نظرية القيادة:

ركز بعض العلماء في تفسيرهم للقيادة على دراسة شخصية القائد وما يتصف به من سمات وخصائص جسمية وعقلية معرفية وانفعالية واجتماعية.

ولقد أسفرت نتائج البحوث والدراسات الخاصة بهذه النظرية عن قوائم من سمات القائد الجيد التي تتمثل في:

السمات الجسمية:

إن القادة هنا إميل إلى أن يكونوا أطول من الإتباع، واقل وزناً منهم، خصوصاً أنه يشترط في القائد إن يكون اقوي من أعضاء الجماعة، إذا كان الهدف هدف الجماعة هو القتال مع غيرها، والقادة هنا إميل إلى إن يكونوا أكثر حيوية وأوفر نشاطاً من الإتباع.

السمات العقلية المعرفية:

نجد إن القادة أكثر تفوقاً من ناحية الذكاء العام من الأتباع، خاصة في الجماعات التي تكون ذات طبيعة أكاديمية، لوحظ أن القائد الذي تزيد نسبة ذكائه عن متوسط ذكاء أفراد الجماعة – يميل إلى أن يكون اغني ثقافة، وأثرى معرفة، وأوسع أفقا وابعد نظراً وأنفذ بصيرة على التنبؤ بالمفاجآت، والاستعداد من حيث انطلاقته اللفظية وأكثر دقة في الحكم على الأشياء وأسرع في اتخاذ القرارات.

السمات الانفعالية:

القادة هنا يتصفون بالثبات الانفعالي، والنضج الانفعالي، وقوة الإرادة، والثقة في النفس، ومعرفة النفس وضبطها.

السمات الاجتماعية:

وهنا إن القادة يتسمون أكثر من الأتباع بالتعاون وبث روح التعاون بين الأعضاء، مع القدرة على التعامل مع الآخرين وكسب حبهم واحترامهم،

والإنصاف وعدم المحاباة مع معرفة مشكلات الجماعة وحلها، وهم يميلون إلى الانبساطية وروح الفكاهة والمرح بين الأتباع، ويكسبون ثقتهم فيهم وفي أنفسهم.

سمات عامة:

وهذه تشمل حسن المظهر المعقول، والمحافظة على الوقت، ومعرفة العمل والإلمام به، والافتخار به والأمانة، والتواضع وحسن السمعة، والتمتع بعادات شخصية حسنة، والتمسك بالقيم الروحية والإنسانية، والمعايير الاجتماعية.

ويؤكد مصطفى والنابه (مصطفى والنابه، ص 39) إن نظرية السمات هذه قد تعرضت لكثير من الرد والانتقادات لعجزها عن التمييز أو التفريق بين الصفات الشخصية المهمة للقائد، والصفات غير المهمة، ولتعميمها الصفات المشتركة التي يتميز بها القادة الإداريون، وإهمالها الصفات الذاتية لهم، كما إن السمات تتباين من قائد لآخر، وتختلف من موقف لآخر، وإضافة إلى ذلك فإن عدم معرفة هذه الصفات أو السمات على وجه التحديد هو من أحد العيوب البارزة في هذه النظرية.

كما يؤكد عمار (عمار، 1402هـ ص 44) إن كثيراً من الدراسات أظهرت أن هذه النظرية لا تعطي أساسا سليماً للتنبؤ عن كيفية تكوين القيادة، وهي قد أهملت حاجات المرؤوسين ولم توضح أهمية الصفات المختلفة للقائد، وأغفلت حقيقة إن هذه الصفات قد لا توجد كلها في بعض القادة، كما وأن من غير القادة من يمتلك هذه الصفات، وفوق ذلك فقد أغفلت النظرية تأثير الموقف على القيادة والمجموعة والعمل.

ب. النظرية الموقفية:

وتنظر إلى الوظائف القيادية وأنماط السلوك التي يعبر عنها والذي يقوم بها الفرد في موقف معين على إنها هي القيادة، وتشير هذه النظرية إلى أن أي عضو في الجماعة قد يصبح قائدها في موقف يمكنه من القيام بالوظائف القيادية المناسبة لهذا الموقف. وتقول هذه النظرية إن القائد لا يمكن أن يظهر إلا في المواقف الاجتماعية لاستخدام إمكانياته القيادية، ويضرب أصحاب هذه النظرية الأمثال للناس بأن قادة الفكر والعباقرة المخترعين من أمثال أديسون "مخترع الفوتوغراف" وفورد "مخترع السيارة" لو كانا قد ظهرا. في القرن السابع عشر حيث لم يكن هناك تقدماً علمياً ينجزهما يمهد الطريق لظهور عبقريتهما، لما تيسر لهما تبوء المكان الذي احتلاه.

ويؤكد عمار(عمار، 1402هـ ص 43) إن النظرية الموقفية على أساس إن العلاقة بين أسلوب القيادة والفعالية تقود إلى تفضيل أسلوب دون آخر وفقاً للمواقف المختلفة، وقد أظهرت الدراسات إلى إن العمل (بحسب طبيعته، درجة تعقيده، التكنولوجيا المستخدمة فيه وحجم المشروع أو المنظمة) من العوامل المؤثرة في الموقف، كما إن هناك عوامل متفرقة مثل أسلوب المشرفين، مفاهيم الجماعة، نطاق الإشراف، متطلبات الوقت، والمناخ التنظيمي، لها تأثيرها أيضا وقد توصلت هذه النظريات بصفة عامة إلى أن العوامل التي تؤدي إلى فعالية القيادة ونجاحها في أداء العمل يتوقف على ثلاث عناصر أساسية:

− قدرة الرؤساء على توضيح مسار العمل والاهتمام بالتنظيم.

− الاهتمام العالي بالعلاقات الإنسانية – إقامة علاقات طيبة مع المرؤوسين، إشباع حاجاتهم.

− تحقيق الأهداف. (عمار، 1402هـ ص 44 - 46).

ويذكر مصطفى والنابه (مصطفى والنابه، ص 41) إن هذه النظرية قد تعرضت لبعض الانتقادات، منها إن القيادة يصعب أن تكون وقفاً تماماً على المواقف فقط فالفروق الفردية بين الأفراد تؤثر بوضوح على إدراك الأفراد اجتماعياً للآخرين، ومن ثم تلعب دورها الهام في تحديد ما هو مناسب من المواقف بينما لا ينجح الآخرون في شيء منها، وإذا كان الموقف المعين يتطلب قائداً فإن القيادة قد يتنازع عليها أكثر من شخص إلا إن من يتولاها هو الشخص الأكفأ، والأجدر الذي يمتلك صفات قيادية متميزة.

ج. النظرية الوظيفية:

لقد ظهر في الآونة الأخيرة خط فكري جديد في دراسات القيادة يجمع بين نظريتي الصفات أو السمات والمواقف، وهو ما أطلق عليه (بالنظرية الوظيفية) وتشير إلى إن القيادة تقوم في جوهرها على التفاعل الوظيفي بين الصفات الشخصية وبين الظروف الموقفية والبيئية المحيطة بها، وهي تكون في مجموعها عناصر وأبعاد القيادة. وبمعنى آخر فإن الصفات والخصائص والمهارات اللازم توافرها في قائد معين تتحدد بدرجة كبيرة في ضوء مطالب الموقف الذي يمارس فيه دوره كقائد، والفرد لا يصبح قائداً لمجرد امتلاكه لعدد من الصفات والخصائص.

ولكن نموذج الخصائص الشخصية يجب أن يكون مرتبطاً إلى حد كبير بخصائص ونشاطات وأهداف التابعين. وهكذا تهتم النظرية الوظيفية بدراسة المواقف والجماعة من ناحية أخرى. أي إن القيادة تتحدد من خلال الوظائف التي تقوم بها في تفاعلها مع الظروف البيئية. فصفات القيادة وخصائصها اللازمة لوظيفة مدير مدرسة مثلاً قد تكون مختلفة تماماً عن تلك

المطلوبة لوظيفة مدير تعليم أو موجه تربوي. ويؤكد مرسي (مرسي، 1998، ص 168) إن النظرية الوظيفية تقوم على الجمع بين النظريتين السابقتين، السمات والمواقف، إذ تعتبر النظرية الوظيفية إن القيادة تقوم في جوهرها عل التفاعل الوظيفي بين الشخصية بكل مقوماتها وبين الظروف الموقفية والبيئية المحيطة بها. في تفاعلها مع الظروف البيئية، وهكذا أيضا تأخذ النظرية الوظيفية في اعتبارها كل المتغيرات الضرورية في القيادة من حيث شخصية القائد وبناء الجماعة وخصائصها والمواقف بما تتضمنه من ظروف بيئية وطبيعية وغيرها.

ويذكر مصطفى والنابه (مصطفى والنابه، ص 41) إن القيادة في ضوء هذه النظرية هي القيام بالوظائف الجماعية التي تساعد الجماعة على تحقيق أهدافها. كما ينظر إلى القيادة في جملتها على إنها وظيفة تنظيمية. ويهتم أصحاب هذه النظرية بالسؤال عن "كيف تتوزع الوظائف القيادية في الجماعة؟" فقد يكون توزيع الوظائف القيادية على نطاق واسع، وقد يكون ضيقاً جداً لدرج ان كل الوظائف القيادية تنحصر في شخص واحد هو القائد.

د. النظرية التفاعلية:

تقوم هذه النظرية على أساس التكامل والتفاعل بين كل المتغيرات الرئيسية في القيادة وهي:

— القائد وشخصيته ونشاطه في الجماعة.

— الأتباع (اتجاهاتهم وحاجاتهم ومشكلاتهم).

— الجماعة نفسها (بناؤها والعلاقات بين أفرادها خصائصها وأهدافها ودنيوياتها).

- الموقف كما تحددها العوامل المادية وطبيعة العمل وظروفه.

وترتكز هذه النظرية على تفاعل القائد مع الأتباع بإدراكه لنفسه وله مع إدراكهم له وللموقف.

هـ. نظرية الرجل العظيم:

يؤكد أصحاب هذه النظرية أن بعض الرجال يميزون في المجتمع لما يتسمون به من قدرات ومواهب عظيمة وخصائص عبقرية غير عادية منهم قادة أيا كانت المواقف الاجتماعية التي يواجهونها، ومن أوائل الدعاة إلى هذه النظرية (فرانسيس جالتون)، ومن أمثلة الرجال العظام الذي تردد ذكرهم كثيراً تشرشل وإيزنهاور.

ويضيف خليل واليأس النظريتين التاليتين:

و. النظريات الإنسانية:

ويرى أصحاب هذه النظريات إن المنظمة تحقق أهدافها بشكل اقضل عندما تمكن الأفراد فيها من تحقيق إمكاناتهم المبدعة. وبما أن الإنسان يحفز من داخل نفسه فإن على المنظمة إن لا تخلق الحفز بل توجهه. ووظيفة القيادة هي تحرير الأفراد كي يستطيعوا أن يقدموا أفضل ما يستطيعونه لأهداف المنظمة عن طريق ميلهم الطبيعي لتقبل المسؤولية والنمو. ومن أنصار هذه النظريات ارغيرس وبليك وموتون ولكرت ومك غريغور.

ز. نظرية التبادل:

ترتكز هذه النظرية على افتراض أن التفاعل الاجتماعي يمثل شكلاً من التبادل، ويقدم كل عضو في المجموعة ما يتحمله، ويتسلم بالمقابل

المكافآت المتمثلة بالتعويض المادي أو الرضا النفسي. ويستمر التفاعل نظراً لأنه يرضي ويكافئ المساهمين فيه. فيكافأ القائد بالاحترام والشهرة والانجاز لقاء ما قدمه من أجل تحقيق الأهداف، ومن المنظرين في هذا المجال هومانز ومارش وسيمون وثيبوت وكلي وغريقن وبلاو وجاكوب. ويمكن أن تشابه هذه النظرية إلى حد كبير النظرية التفاعلي في (د) حيث إن هناك عدة عناصر أساسية تشترك معها. (خليل والياس، 1993، ص 289)

كما يضيف مصطفى والنابه (مصطفى والنابه، ص 41) النظريتين التاليتين:

ح. نظرية التقاليد:

تشير هذه النظرية إلى أن القيادة لا تستند في بعض الأحوال إلى صفات وخصائص شخصية يمتلكها القائد وتميزه عن أقرانه، وإنما تستند القيادة في هذه الظروف إلى التقاليد السائدة. بمعنى أنه قد لا يتوافر لدى القائد أي من صفات أو سمات القيادة ومع ذلك يمارس تأثيره على أعضاء الجماعة التي يقودها، مستنداً في ذلك إلى التقاليد المستقرة التي يقابلها أعضاء الجماعة أو الوضع الاجتماعي لأسرته، أو الوضع المادي.

ط. نظرية النجاح السابق:

تقرر هذه النظرية إن القيادة لا تكون لفرد، إلا إذا وضع في مواقف مماثلة، وواجه مشكلات في الماضي ونجح في إيجاد الحلول الملائمة لها. والأفراد عندما يقبلون قيادة فرد معين ويرضون بالتبعية له فإنهم يضعون في اعتبارهم ماضية وتاريخه ومواقفه السابقة. ومعنى ذلك أنه لكي يكون الفرد قائداً يجب أن يبلغ مكانه في أذهان أعضاء المجموعة وتصبح هذه المكانة

بمثابة جزء من كيان الفرد وتلعب دوراً هاماً في دعم قدراته القيادية في المستقبل. ومن الانتقادات التي توجه لهذه النظرية، أن هناك أفرادا توافرت فيهم بعض الصفات والخصائص القيادية ولكن تعرضوا في بعض المواقف لفشل في اتخاذ القرارات المناسبة المتعلقة بذلك الموقف وأحجم الناس عن تنصيبهم كقادة فيما بعد.

من كل هذه النظريات يمكن الخروج بأربعة متغيرات أساسية تلعب دوراً هاماً في العملية القيادية وتؤثر على النظرية بشكل كبير حيث تتمثل في:

(أ)   صفات وخصائص القائد الشخصية.

(ب) صفات وخصائص المرؤوسين الشخصية.

(ج) طبيعة وخصائص العمل الذي يؤدى.

(د)   الظروف الاجتماعية، والسياسية والاقتصادية السائدة في البيئة المحيطة.

وهذه المتغيرات الأربعة بينها ترابط بدرجة كبيرة، مما يشير إلى أن أكثر هذه النظريات أهمية هي النظرية التفاعلية حيث تجمع بين هذه العناصر كلها وتركز على التكامل بينها.

صفات القائد:

يلخص (مكتب التربية العربي، 1417هـ ص 362) السمات التي يجب أن تتوفر في القائد في النقاط التالية:

1-   المبادأة؛ وهي تملك القائد زمام الموقف.

2-   العضوية؛ أي اختلاطه بأعضاء الجماعة.

3- التمثيل؛ أي تمثيله لجماعته ودفاعه عنها.

4- التكامل؛ أي العمل على تخفيف حدة الصراع بين أعضائها.

5- التنظيم؛ أي تحديد عملية وعمل الآخرين، والعلاقات التي تحكم العمل.

6- السيطرة؛ أي تحديد سلوك الأفراد، أو الجماعة في اتخاذ القرارات أو التعبير عن الرأي.

7- الاتصال؛ أي تبادل المعلومات بينه، وبين أعضاء الجماعة.

8- التقدير؛ أي تأييد، أو مخالفة أعضاء الجماعة.

9- الإنتاج؛ أي تحديد مستويات الجهد، والانجاز.

ويضيف أحمد (أحمد، 1412هـ ص 8-9) إلى أن القائد الفاعل أو الكفء يجب أن تتوافر في قيادته العناصر التالية:

1. الإنابة، أو تفويض السلطة.

2. العلاقات الإنسانية الطيبة.

3. التوجيه الجيد لاتصالات العمل.

4. الإدارة الاستشارية.

5. الدوافع الايجابية.

6. تنمية روح التعاون بين الفئات.

7. النهوض بالمسؤوليات الإدارية المساعدة.

8. الإدارة الذاتية.

ويرى رضوان (رضوان، 1421هـ) إن هناك صفات قيادية هامة، وضرورية لابد من توافرها في القائد أينما كان موقعه تتمثل في:

أولاً: التمتع بأخلاقيات رفيعة:

وذلك أن يعد القدوة الحسنة لمن يتولى قيادتهم حيث لا يمكن له أن يعيش بأخلاقيات مزدوجة إحداها لحياته العامة، والأخرى لحياته المهنية؛ بل إن مجمل تصرفاته موضوعة محل نقد وتحليل ومراقبة.

ثانياً: التمتع بنشاط عال وملحوظ:

بحث لا ينغمس القائد الإداري في الأمور أو الأعمال الثانوية التي يمكن انجازها من قبل المختصين حسب مواقعهم المهنية؛ بل يجب أن توفر لديه القدرة على التمييز بين ما هو هام جداً، وما هوا أقل أهمية؛ وبين ما هو مثير للانتباه، وما هو عادي، وقبل ذلك تفريغ ذهنه للتركز والتعرف على هذه الجوانب، وهذا لا يتم إلا من خلال بناء الثقة فيما بينه وبين من يعلمون معه، واستخدام آلية التفويض بنجاعة تامة.

ثالثاً: امتلاك الشجاعة:

ويقصد بها الشجاعة المسئولة والمقننة، وليست تلك التي تبنى على قرارات شخصية، وإنما تلك التي يتحمل من خلالها القائد الإداري تبعية قراراته، إضافة إلى قدرته على اتخاذ القرار المناسب في الوقت المناسب، ودون أي تردد أو خوف مما سيحدث.

رابعاً: العمل بدافع الإبداع في الانجاز:

فالانجازات العادية هي من اختصاص الأفراد العاديين "التنفيذيين" أما القادة الإداريون فإنهم يتمتعون بالحماس، والإقدام، والتميز، ولا وقت لديهم لانتظار رنين الهاتف من أجل البدء بالعمل؛ بل يستلهم هذا الوقت بحماسه، وحسه القيادي المبني على قاعدة المعرفة، والتخصص جاعلاً أهدافه ومعاييره هي أساس انطلاقه وتميزه.

خامساً: توفر الحنكة الإدارية:

إن القائد الناجح هو من يمتلك مستوى رفيعاً من الحنك بحيث يستطيع من خلالها تنظيم المواقف الصعبة، والفوضوية، وجعلها ايجابية تصب في مصلحة المنشأة، ومنسوبيها.

سادساً: مساعدة الآخرين:

وهنا على القائد الإداري العمل بصفة مستمرة على إيجاد كوادر قادرة على تحمل مسؤولياتها والإمساك بزمام الأمور، والاهتمام بتطوير ذاته فقط.

ويضيف رونالد دول (الهاشل، 1407، ص 259-260) إلى ذلك مجموعة الصفات لنوع القائد الذي يجب كما يلي معنوناً إياها بالتالي:

"The kind of person the Educational Leader Should be"

1- أن يكون متعاطفاً مع جماعته:

على القائد أن يكون قادراً على تحديد حاجات جماعته المختلفة، والاستجابة لها، كما أنه ينبغي أن يرى من قبل أفراد المجموعة انه الشخص الذي يعتمد عليه، فلدى المجموعة القدرة الكافية في التعرف على شخصيته، وقبولها، أو عدم قبولها، وأما إذا كان متجاوباً مع القضايا التي تطرأ من آن

لأخر، أو غير متجاوب. ومن هذا المنطلق فإن لم تقبله الجماعة شخصياً فإنها لنتقبله قائداً.

2- أن يكون عريفاً للجماعة:

ويقصد بذلك أن يكون القائد في نظر جماعته شخصاً متحمساً ومعتدلاً.

3- أن يكون متميزاً بين أفراد المجموعة:

ينبغي أن يكون القائد شخصاً متميزاً وذلك بالعمل وفقاً لمبادئ ومعايير الجماعة، اي أنه لا يختلف كل الاختلاف معهم، وأن يكون تفكيره شبيهاً بتفكير غالبيتهم عند القضايا الحاسمة.

4- أن يكون مساعداً لأفراد المجموعة:

عليه أن يحرص دائماً على مساعدة الذين يقودهم حين يواجهون مشاكل بين الفنية والأخرى، وعادة ما نقيم الجماعة قائدها بمدى اهتمامه بقضاياهم ومشالهم سواء بتوفير المساعدة المباشرة، أو بترتيب الاتصالات التي قد تؤدي إلى تحقيق الحاجات الشخصية.

5- أن يكون متحكماً في انفعالاته:

على القائد التربوي أن يتصف بالهدوء، ورباطة الجأش عند مواجهة الأفراد الذين يبدون اللامبالاة والسلوك الاستفزازي. والواقع إن القائد الثابت غير المنفعل، المعتدل في الأزمات والمشاكل يحظى باحترام الجماعة دائماً.

6- أن يكون ذكياً:

إن السبب الرئيسي وراء هذا العنصر هو إن معظم أفراد المؤسسات يتصفون بالذكاء ولذا فإنهم لا يحترمون القائد الذكي، ومن ثم فعليه أن يلم

إلماماً جيداً بالنواحي الأكاديمية، وأن يكون طليق اللسان مدركاً لكيفية التعامل، والتكيف مع العلاقات الاجتماعية، وبإمكانه أن يفوق جماعته بذكائه وذلك من خلال سلوكه حتى ترى فيه المجموعة أنه الشخصية الأولى بينهم.

7- أن يكون راغباً في تولي زمام القيادة:

ينبغي أن يتسم القائد الناجح بمعرفته بمتطلبات العمل، ويدرك دوره، ويتقبل مسؤولياته وذلك انطلاقاً من رغبته في العمل.

كما يرى بعض الباحثين أن القيادة التربوية تتطلب أن يتحلى القائد بالصفات الآتية: (مهدي وآخرون، 1988م، ص 108)

1. **الموضوعية:** وهي قدرة القائد على رؤية الأشياء من وجهة نظر عامة، لا شخصية، وقدرته على اتخاذ القرار الصائب دون التأثر بمن حوله من أمور أو أشخاص لا علاقة لهم بموضوع القرار، أي قدرته على عدم التحيز.

2. **المرونة:** وهي المرونة في الموقف، وعدم التعصب للرأي الشخصي، لكي يتمكن من تعديل خططه وتطويرها إذا تطلب الأمر ذلك.

3. **فهم الآخرين:** ويعني ذلك قدرة القائد على فهم أفكار الآخرين، وفهم الحركة الذاتية للجماعة (الدينامية) والدوافع التي تحركها، وتفهم عواطف الآخرين، ومشاعرهم، واتجاهاتهم.

4. **استخدام السلطة:** أي قدرته على استخدام الصلاحيات المفوضة له بطريقة صحيحة تعزز من موقعه وتقوي مكانته بين صفوفهم،

وتجعلهم أكثر تعاوناً معه، وأكثر تقبلاً لما يصدر عنه من توجيهات وإرشادات.

5. **معرفة مبادئ الاتصال:** وتتضمن قدرته في اختيار الكلمات أو الوسائل المناسبة التي تمكنه من فهم الآخرين، إذ يعتبر الاتصال من المحددات المهمة للسلوك القيادي، وأن ضعف الإلمام به ربما يكون مصدراً للتشويش ومرتعاً للشائعات، وعدم تغيير السلوك كما يذكر أحمد (أحمد، 1412، ص 16-17) أن هناك اتفاق على القائد الفاعل هو الذي يعطي اهتماماً كبيراً إلى:

1- القيادة التي يتمركز اهتمامها بتخطيط العمل وتنظيمية.

2- القيادة التي يتمركز اهتمامها في الأفراد العاملين بالمدرسة، وتنمية العلاقات الإنسانية، وإشباع حاجات الأفراد والعمل على إرضائهم بقدر الإمكان.ويؤكد هوملنه وتقي (هوملنه وتقي، ص 152) أنه من المعتقد أن هناك صفات معينة تتميز بها الفعالية القيادية تساعد في اختيار الأشخاص للمراكز الإدارية على مختلف المستويات، ويمكننا أيضا تدريب هؤلاء على اكتساب هذه الصفات ليكونوا قادة أكثر فاعلية.

أ. **الرغبة:** إن وجود الرغبة في القيادة لدى الفرد أمر مفضل لأن نظرية الصفات تؤمن بأن توفرها هو المفتاح الأساسي للنجاح في القيادة الإدارية.

ب. **الذكاء:** تؤمن نظرية الصفات أن القائد ينبغي لن يكون شخصاً ذكياً، أذكى من المجموعة التي يترأسها على أقل تقدير، لكن الحقيقة هي أن الشخص الذي ليس بالضرورة دائماً قائداً أفضل.

ج. **مهارة الاتصال:** بما أن على القائد أن يتصل بمرؤوسيه باستمرار فإن هذه المهارة لابد من توفرها لكي يقوم بعمله على أكمل وجه.

د. **الثقة:** بالرغم من أنه ينبغي عدم التعالي فإن الثقة بالنفس التي يتمتع بها القائد سوف تؤثر على المرؤوسين التابعين له تأثيرا مباشراً.

مصادر قوة القائد:

إن القوة هي القدرة الكامنة للتأثير على سلوك الآخرين. وهنا لابد من الإمعان بكلمة (كامنة) فهي توحي أن باستطاعة الفرد أن يمتلك قوة دون ممارستها فعلاً، فقد يستطيع مدرب فريق كرة قدم أن يطلب من أحد اللاعبين مغادرة الملعب، والجلوس جانباً بسبب تدني مستوى لعبه إلا أنه قلماً يمارس المدرب هذه القوة لأن اللاعبين يعرفون مسبقاً بوجود هذه القوة، ويعملون جاهدين للمحافظة على مكانتهم لتجنب حدوث ذلك. وهناك خمسة أسباب؛ لإتباع المرؤوسين لقادتهم، أو ما يسمى بمصادر قوة القائد. ومن الجدير بالذكر أنه للقائـد أن يمتلك نوعاً واحـداً أو أكثر من القوة. (نصير، 1998م، ص 2-14)

1. **القوة الشرعية:** هي القوة التي تمنح من خلال التسلسل الرئاسي للمنظمة، ولهذا تكون القوة التي يحتويها أي مركز وظيفي مرتبطة بالطرقة التي تم فيها تعريف تلك الوظيفة.

2. **قوة المكافأة:** هي قوة منح المكافآت يمتلك الكثير من المديرين القوة على زيادة الرواتب والتوصية بالترقية والمدح والاعتراف، وإعطاء فرص العمل الجيدة، والعلاوات الإضافية، وبشكل عام يمكن القول بأنه كلما زاد عدد المكافآت المسيطر عليها من قبل القائد وكلما زادت أهمية المكافآت للمرؤوسين، وبالتالي تزداد قوة المدير.

3. **قوة الإكراه:** هي قوة فرض الإذعان على المرؤوسين عن طريق التهديد النفسي أو العاطفي أو الجسمي. وتقتصر وسائل الإكراه في معظم المنظمات على التوبيخ الشفوي أو المكتوب والفصل التأديبي، ودفع الغرامات والتنزيل وإنهاء الخدمة، ويتجاوز بعض المديرين هذه الوسائل إلى استخدام الشتائم اللفظية والإذلال والإكراه النفسي محاولين في ذلك استغلال المرؤوسين. فكلما زادت الوسائل العقابية المتوفرة للمدير وكلما زادت أهمية هذه الوسائل للمرؤوسين، وبالتالي زادت قوة الإكراه للمدير، ومن ناحية أخرى، إذا زاد استخدام المدير للإكراه، زادت تبعاً لذلك إمكانية نزوع المرؤوسين للعنف والتذمر.

4. **القوة المرجعية:** تعتبر أنواع القوى الشرعية، والمكافأة، والإكراه محددة نسبياً، وظاهرة في مراحل موضوعية من حياة المنظمة بعكس القوة المرجعية فهي ميالة إلى التجريد. فهي تعتمد على التماثل والتقليد والقدرة الخارقة. كأن يتجاوز المرؤوسون بشكل

ايجابي مع قائد ما؛ لأنهم يندمجون معه بطريقة معينة كونه يشبههم في الشخصية والخلفية والاتجاهات.

5. **قوة الخبرة:** وهي مشتقة من المعلومات والخبرة.

ويؤكد عقيلي (عقيلي، 1996، ص 289) أن المصادر التي يستمد منها القائد الإداري قوة التأثير ذات صلة تكاملية. فوجود القوة التي يوفرها مصدر السلطة – على سبيل المثال – للتأثير في الإفراد لا تكفي لوحدها لجعل رئيس إداري قائداً ناجحاً. فصحيح إن المرؤوسين سيطيعون الأوامر والتوجيهات، إما خوفاً من العقاب أو أملا في الحصول على مكافأة، إلا إن هذه الطاعة دافعيتها خارجية، وليست داخلية نابعة من ذات الفرد، فالطاعة يجب أن تكون عن اقتناع، وأيضا الرئيس الذي يمتلك قوة السلطة الممنوحة إليه، والى جانبها قوة استمدها من مهارته الفنية – مثلاً – فقط لن يكون قائداً إداريا على الوجه الأكمل فهو يحتاج إلى أنواع أخرى من القوة يمكنه أن يستمدها من مصادر أخرى، كالشخصية، والمهارة الإنسانية... الخ. وفي نفس الوقت إن وجود قوى لدى الرئيس مستمدة من المهارة الإنسانية، والشخصية، والفكرية، والإنسانية... الخ، دون توفر قوة السلطة لديه، لن يتمكن هذا الرئيس من قيادة مرؤوسيه على الوجه الأكمل أيضا، فهو يحتاج إلى السلطة؛ ليفرض آراءه عند الحاجة واللزوم، ونصل إلى نتيجة مفادها: إن القائد الإداري الناجح هو الذي تتوفر لديه قوة تأثير مركبة من جميع أنواع قوى التأثير المستمدة من مختلف المصادر.

العوامل التي تحدد أسلوب القيادة:

لا شك في أن العامل الرئيس الذي يتحدد عليه بناء أسلوب القيادة هو شخصية القائد نفسه، ومدى ما يميل إليه من التسلط أو السيطرة أو التحرر والانطلاق. وهناك بعض الاعتبارات التي ينبغي أن يراعيها رجل الإدارة في نوع الأسلوب القيــادي الذي يستخدمـه مع مرؤوسيه من هذه الاعتبارات. (مرسي، 1998، ص 152 - 153)

1. **عامل السن:** فقد يكون من الأفضل إتباع الأسلوب الترسلي، أو الليبرالي الذي يقوم على حرية العمل مع الشخص البالغ بينما يكون الأسلوب الأوتوقراطي انسب لصغار السن.

2. **عامل الجنس:** تميل النساء عادة باستثناء بعض الحالات إلى الأسلوب الأوتوقراطي، ولذا يصبح من الأفضل إتباع هذا الأسلوب من القيادة معهن بينما يكون الأسلوب الديمقراطي، أو الترسلي أجدى مع الرجال.

3. **عامل الخبرة:** ربما كان من الأفضل أن يتبع القائد، أو الرئيس أسلوب القيادة الديمقراطية، أو الترسلية مع المرؤوسين الذين يتمتعون بخبرة كبيرة عن العامل من حيث إن الأسلوب الأوتوقراطي قد يكون فضل مع الأفراد حديثي العهد بالعمل.

4. **عامل الشخصية:** يتفاوت الناس في شخصياتهم فمن الناس من يجدي معه الأسلوب الديمقراطي كالشخص المتعاون، وذي التفكير الجماعي، وأخر لا يصله إلا الأسلوب الأوتوقراطي، ومن أمثلة ذلك الشخص العدواني، والشخص الإمعة التابع، وكلاهما يحتاج

إلى توجيه حازم، وقد يكون الأسلوب الترسلي أفضل مع الشخصيات ذات النزعة الفردية الذين يحبون العمل بمفردهم ويكونون منتجين إذا تركت لهم الحرية في العمل، ويقل إنتاجهم أو يتلاشى إذا أرغموا على العمل وسط فريق أو جماعة. ومن هذه الشخصيات أيضا الميالون إلى العزلة الاجتماعية، أو الانطوائيين، وهم عادة يكرهون الاتصال أيضا بالغير، وهؤلاء الأفراد يقومون بعملهم على أفضل وجه عادة إذا تركوا بمفردهم؛ وهيئ لهم جو العمل بحرية، وهو ما يعتبر اكبر حافز لهم على العمل.

5. **عدم التعود على الأسلوب الديمقراطي:** قد نسمع من رئيس قوله "أنا شخص ديمقراطي في معاملتي للمرؤوسين" لكن المسألة ليست بالقول، وإنما بالعمل والفعل والفعل، فالعمل في جو ديمقراطي يحتم استخدام الأسلوب الديمقراطي. ولكن يمكن للرئيس أن يبدأ بالأسلوب الأوتوقراطي مع مجموعة لم تتعود على الأسلوب الديمقراطي، ويعمل في نفس الوقت على تعويدهم على العمل بالأسلوب الديمقراطي بالتدريج، وهو بهذا يعمل على تنمية وتدريب مرؤوسيه.

ويعرض (ايرنست ديل) تحليلاً للأنماط تستند إلى أنماط الشخصية التي عرضها (إيريك فروم) في كتابه (Man For Himself) يوجز مرسي (مرسي، 1998، ص 152 -153) تحليل "ديل" في الأتي:

1. النمط السلبي أو الدفاعي:

وهو الذي يعتقد أن مصدر كل شيء حسن يقع خارج سلطان نفسه، ومثل هذا النمط يميل إلى الاعتماد بدرجة كبيرة على آراء غيره، أو مستشاريه، وهو يميل إلى أن ينفض يده من المسؤولية بتحويلها إلى الآخرين ومن السلطة بتفويضها إلى غيره، أو إحالتها إلى المستويات الأعلى.

2. النمط المستغل أو العدواني:

وهو الذي يشعر أن مصدر كل شيء حسن يقع خارج سلطان نفسه، ولكن يجب أن يكتسب بالقوة، أو المكر، أو الخداع. وهو أيضا يعتمد على آراء غيره في توجيه عمله، ويستغل الآخرين؛ لمصلحته الشخصية ويميل إلى إتباع نظام قاس ورقابة شديدة، وإدارة تقوم على الفرض لا الإقناع.

3. النمط الاستحواذي:

هو الذي يثق قليلاً فيما يأتي من العالم الخارجي، وهو باستثناء نفسه لا يقدم شيئاً لهذا العالم الخارجي، ومثل هذا النمط يقوم سلوكه الإداري على أساس تدعيم، وتعزيز موقفه، وهو يعتمد على نفسه، ويبني قراراته على أساس علاقاته مع الآخرين.

4. النمط التسوقي:

وهو النمط الذي ينظر إلى نفسه كسلعة، ويرى قيمته في مقدار ما يمكن أن يحصل عليه في مقابلها، ويتوقف نجاحه على اندماجه في المنظمة، والقيام بالدور المتوقع منه.

5. النمط المنتج:

وهو الذي لديه القدرة على استخدام إمكانياته التي يحظى بها، ويتميز في عمله الإداري بمساعدة الآخرين عل النمو إلى أقصى ما تسمح به قدراتهم، والعمل على اندماجهم بنجاح مع أغراض المنظمة التي يعملون من أجلها. كما يضيف مرسي (مرسي، 1998، ص 152-153) تصنيفاً أخر للقيادة على أساس الانجاز، العلاقات الإنسانية حيث يقسمه إلى أربعة أنواع من القيادة على النحو التالي:

النوع الأول: ويتميز بقدرة على الانجاز كبيرة، وعلاقات إنسانية جيدة، وهو النوع المثالي المستهدف في القيادة.

النوع الثاني: ويتميز بقدرة على الانجاز كبيرة، وعلاقات إنسانية محدودة، وهو نوع يميل إلى الأسلوب التسلطي مع قدرة على الانجاز السريع وترتبط بوجود القيادة وتتأثر كثيراً بغيابها.

النوع الثالث: ويتميز بقدرة على الانجاز محدودة، وعلاقات إنسانية، وهو نوع محبوب من القيادة لكن على حساب مصلحة العمل، والصالح العامة.

النوع الرابع: ويتميز بقدرة على الانجاز محدودة وعلاقات إنسانية محدودة، وهو نوع غير مرغوب من القيادة يكون على حساب مصلحة العمل، وحساب الأفراد العاملين في المنظمة.

ويضيف أحمد (أحمد، 1418هـ ص 128-129) إن من أشهر النماذج الأخرى التي توضح أنماط السلوك القيادي (نموذج تننبوم وشميت) والذي

يشرح بدائل أو أنماط السلوك الذي يمكن أن يسير عليه القائد، ويركز هذا النموذج على مجي استخدام القائد لسلطاته ممثلة في الأنماط التالية:

1. **النمط الإخباري:** وهو الذي يقوم فيه المدير باتخاذ القرارات، وإعلانها على مرؤوسيه لتنفيذها دون متابعة.

2. **النمط الاقناعي:** وفيه يتخذ المدير قراراته، ثم يحاول إقناع مرؤوسيه بها متوقعاً المعارضة من قبل العاملين.

3. **النمط التشاوري:** وهو النمط الذي لا يتخذ قراراً إلا لعد عرض المشكلة على كل الأعضاء ثم يستمع لكل رأي، ثم يكون قراره من مجموعة من الآراء.

4. **النمط الجماعي:** وهو النمط الذي يعتبر المدير نفسه عضواً في جماعة، ويكون اتخاذ القرارات مسؤولية الجماعة.

وهناك طريقة أخرى لتصنيف القادة مبنية على فحص اتجاهاتهم، أو التركيز على طريقة تنفيذ أعمالهم، فبعض القادة يركزون على الاثنين معاً. (نصير، 1998، ص 17)

القادة الذين يهتمون بالمهمة:

يركز بعض القادة على جزئيات العمل التي تؤدي إلى تنفيذه، فهم يركزون على التخطيط والبرمجة ومعالجة العمل، والرقابة المباشرة على النوعية، هناك اصطلاح أخر مستعمل في وصف هذا الأسلوب وهو البناء الهيكلي للمهمة.

القادة الذين يهتمون بالأفراد:

يركز القادة المهتمون بالأفراد على رفاهية وشعور الأتباع، وهم واثقون من أنفسهم، ولهم الرغبة القوية لأن يقبلوا من قبل أعضاء فريقهم، وهناك اصطلاحات أخرى تستخدم لوصف القادة المهتمين بأفرادهم مثل: القيادة المركزة على الفرد أو القيادة المركزة على العلاقات أو القيادة المهتمة.

الفصل الثاني

الإدارة

الإدارة

مفهوم الإدارة:

تعتبر الإدارة إحدى المجالات القديمة التي عرفها الإنسان واستخدامها في بناء حضارته، فقد قامت الحضارات القديمة كالمصرية، والصينية، والرومانية، على نظام ذا مفاهيم إدارية دقيقة ما زال يستخدم الكثير منها حتى الوقت الراهن فمثلاً مت الحضارة المصرية منذ 2000 سنة قبل الميلاد ببناء الأهرامات التي تطلبت تخطيطاً وتنظيماً معقداً كما تضمنت تنسيقاً واتصالاً في غاية الدقة والحكمة، مما يؤكد وجود نظام من الإدارة كانت له قوته في قيام هذا الصرح العظيم، وكذلك قامت حضارة الصين وبابل وأشور وحضارة سبأ وغير ذلك من الحضارات مما يشير أيضا إلى وجود نظم إدارية في تلك الحضارات. فالإدارة في مفهومها التقليدي قديمة قدم الجماعات الإنسانية وقد الحضارات المختلفة. وظل مفهومها يتطور ويتقدم حتى صار اليوم مجالاً علمياً له نظراته ومبادئه وأسسـه القائمـة على الدراسـة والبحـث. (الهاشل، 1407هـ ص 252-253)

ولقد اصبحت الإدارة في وقتنا الحاضر من أهم حقائق الحياة السياسية والاقتصادية والاجتماعية، والعسكرية، في كل المجتمعات وفي كل الدول، ولها اليد الطولى في تقرير الأمور، وتصريف شؤون الحياة وتحقيق الأهداف التي يرنو إليها أي مجتمع بأعلى قدر ممكن من الكفاءة، ووفق رغبات المواطنين وإراداتهم بقدر المستطاع، ويعكس هذا اهتمام دول العالم تجمع بمصالح المواطنين ومطالبهم، مما يجعل من الإدارة في دولة معينة أو في مجتمع معين انعكاساً للأحوال والأفكار وأنماط السلوك والقيم المتعارف عليها والظروف السياسية والاقتصادية والاجتماعية والحضارية السائدة في هذه الدولة، أو في

هذا المجتمع، من عادات وقيم وتقاليد، وتؤثر فيها أيضا.

ولقد أدى الاتجاه في العصر الحديث نحو الدولة الايجابية أو دولة الرفاه إلى اتساع نطاق العمل الحكومي وامتداد نشاط الدولة إلى المجالات كافة، لتنظيم النشاط الاقتصادي وتوجيهه، وتحقيق العدالة الاجتماعية، وذلك بقصد توفير الخدمات الضرورية للمواطنين وتحقيق الرفاه والرخاء لهم في شتى المجالات. وقد فرض ذلك على الإدارة أن تكون قوية ومتقدمة حتى تستطيع أن تحقق اكبر قدر من الخدمات لجميع المواطنين على السواء، وأن تنطلق نحو التنمية في سرعة وإتقان واقتصاد. (النمر وآخرون، 2000، ص 3) وتعتبر الإدارة مسؤولة عن انجاز أهداف المجتمع، لكونها قادرة دوماً على عمل التغيير إلى الأفضل، ولكونها أحد عناصر العمل اللازمة لتحقيق التنمية والتطوير والتجديد والإصلاح. بل إن الإدارة هي السبيل الأمثل لبناء التقدم وقهر التخلف، على اعتبار إن جوهر الفرق بين التقدم والتخلف يكمن في الهوة الإدارية. فالتقدم ينطوي على بلوغ المجتمع مرحلة عالية من الكفاءة الإدارية تؤهله لتحقيق أهدافه وزيادة معدلات الإنتاج، الأمر الذي يؤدي إلى الزيادة المطردة في حركة التقدم. أما التخلف فينطوي على قصور النمط الإداري المتبع في الوصول إلى المعدلات التنموية المرجوة لتحقيق أهداف المجتمع وتطلعاته. (أحمد، 1996، ص 15-16)

ولكلمة إدارة أصلها اللاتيني A d بمعنى To أو Minister بمعنى Serve والكلمة كلها تعني: To Serve ومعناها: (لكي يخدم). والإدارة بذلك

تعني "خدمة" على أساس إن من يعمل بالإدارة يقوم على خدمة الآخرين، أو يصل عن طريق الإدارة إلى أداء الخدمة، وبذلك تصبح الإدارة نشاطاً حيوياً مستمراً لخدمة المجتمع وإشباع حاجات أفراده - باعتبارها جزءاً من المجتمع الذي تعيش فيه - فهي تنظم علاقات هؤلاء الأفراد وتوجه جهودهم، وترشدهم لسبل الوصول إلى الهدف. ومن ثم فإن الإدارة تعني النشاط الموجه نحو التعاون المثمر، والتنسيق الفاعل بين الجهود البشرية المختلفة العاملة من أجل تحقيق هدف معين بدرجة عالية من الكفاءة. ويتضح من هذا التعريف إن محور العملية الإدارية هو العنصر البشري، وكيفية إمكان تحقيق التعاون بين الأفراد والتنسيق بين جهودهم المختلفة. وهاذ يضفي على الإدارة طابعاً خاصاً باعتبارها عملية اجتماعية وإنسانية من جهة، واقتصادية وسياسية من جهة أخرى، ذلك أنه يتوجب على الإدارة الحسنة أن تكون رشيدة لكي تحقق أهدافها بالاستخدام الأمثل الفاعل والمنتج للإمكانات والموارد المتاحة مع توفير أفضل مناخ ممكن لعمل العنصر البشري، بحيث تتحقق كفاية الإنتاج في ظل أفضل مناخ إنساني ملائم لاستثمار الجهود واستخراج أفضل الطاقات.

ويعرفها ليورنارد هوايت بقوله: "إن الإدارة العامة تتضمن جميع العمليات التي تهدف لتنفيذ السياسة العامة" وهذا التعريف يتسم بالقصور حيث إن وظيفة الإدارة العامة ليست التنفيذ وإنما هي توجيه الجهود من أجل التنفيذ، وهو ما يتفق مع تعريف (جون فيفز وروبرت برستص) "إن الادارة العامة هي تنسيق الجود الجماعية لتنفيذ السياسة العامة". ويفرق ديموك بين الادارة العامة كمجال لدراسة جهود الحكومة في تطبيق القوانين وتنفيذ السياسة العامة، وبين الادارة العامة كعملية شاملة لجميع الخطوات التي تتخذ ابتداء من الوقت الذي يبدأ فيه إسناد الاختصاص إلى الجهة الإدارية وحتى تنفيذه، وبين

الادارة العامة كمهنة، فهي تنظيم وتوجيه لنشاط الآخرين في هيئة عامة. والإدارة العامة بهذا المفهوم تعني تنفيذ السياسة العامة للدولة وإخراجها إلى حيز الواقع، وهي بذلك تمثل تخطيط وتنظيم وتوجيه النشاط الحكومي الموجه نحو أداء الخدمات العامة لجميع المواطنين على السواء طبقاً للقوانين والتشريعات. (النمر وآخرون، 2000، ص3-7)

ويطرح أحمد (أحمد، 1996، ص 17-19) أربعة مناظير لتعريفات الادارة، وهي:

المنظور الأول: يفترض أن الادارة عبارة عن نشاط. ويندرج تحت هذا المنظور عدة تعريفات، من أبرزها:

● تعريف (ماسي ودوجلاس) الذي ينص على أن الادارة هي "العملية التي بواسطتها يمكن توجيه أنشطة الآخرين نحو أهداف مشتركة".

● تعريف (ستونر) الذي ينص على أن الادارة هي "عملية التخطيط والتنظيم والقيادة والرقابة على جهود كل الأفراد وكذلك استخدام الموارد الأخرى لتحقيق الأهداف التنظيمية".

المنظور الثاني: يفترض أن الادارة هي مجموعة العناصر البشرية... ويندرج تحت هذا المنظور عدة تعريفات، منها:

● تعريف (عبد الكريم درويش وليلى تكلا) الذي ينص على أن الادارة هي "توفير نوع من التعاون والتنسيق بين الجهود البشرية المختلفة من أجل تحقيق هدف معين".

● تعريف كونتز ودونل الذي يشير إلى أن الادارة هي "توفير البيئة المناسبة لعمل الأفراد في التنظيمات الرسمية".

المنظور الثالث: يفترض أن الإدارة هي مجموعة هي مجموعة العناصر البشرية. ويندرج تحت هذا المنظور كاست وروزنفيج الذي يذهب إلى "أن الإدارة تنطوي على تنسيق الموارد المادية والبشرية نحو تحقيق الأهداف".

المنظور الرابع: يفترض أن الإدارة هي التنظيم... ويندرج تحت هذا المنظور ما يلي:

* تعريف سيرتو الذي ينص على أن الإدارة هي "عملية تحقيق أهداف التنظيم من خلال الأفراد والموارد الأخرى لهذا التنظيم".

* تعريف ديل بأن "الإدارة هي عملية تنظيم واستخدام الموارد لتحقيق أهداف محددة".

وإذا نظرنا إلى كل منظور على حدة نجد أنه يتصف بالقصور كما أنه يفتقر إلى التكامل. ولهذا فيجب أن تكون المناظير الأربعة منطقياً متكاملة، وأن يكون تعريف الادارة شاملاً لهذا المناظير الأربعة.

ويلخص الفايز (الفايز، 1413، ص 26) النقاط التالية حول مفهوم الادارة بشكل عام وعلاقتها بالإدارة التربوية.

* الإدارة قديمة قدم الإنسان نفسه حيث كانت تمارس بشكل عفوي وذلك من خلال تنظيم الإنسان لحياته بشكل مبسط ومحدود.

* تطورت الادارة بشكل تدريجي مع تطور الإنسان، وزيادة نسله، ومع التوسع العمراني.

- الادارة كعلم قائم بذاته له أصوله، وأسسه، لم يظهر إلا مع ظهور المجتمع الصناعي في النصف الثاني من القرن التاسع عشر، وبداية القرن العشرين الميلادي.

- اختلاف آراء المفكرين ورجال الادارة حول تحديد مفهوم الادارة. وهذا ناتج عن اختلاف النظرة حول طبيعة عمل الادارة وأهدافها.

- على الرغم من اختلاف المفكرين ورجال الادارة حول تحديد مفهوم الادارة إلا إن هناك شبه اتفاق فيما بينهم على أن الإنسان هو المحور الأساسي في العملية الإدارية.

- لقد بلغ من أهمية الادارة أن اصبحت علماً له مدارسه ونظرياته المتعددة كما إنها اصبحت فناً يحتاج إلى الموهبة والإبداع والابتكار.

مفهوم الادارة التربوية:

يعرف سليمان (سليمان، 1985م، ص 119) الادارة التربوية: بأنها الكيفية التي يدار بها التعليم في دولة، وفقاً لإيديولوجية المجتمع، وأوضاعه (ما يتلاءم مع طبيعة المجتمع ظروفه ومثله) والاتجاهات الفكرية، والتربوية السائدة فيه، حتى تتحقق الأهداف المرجوة من هذا التعليم، نتيجة لتنفيذ السياسة المرسومة له، ويتم ذلك على مستوى الدولة، أو الجمهورية، أو المحافظة، أو الولاية، أو اللواء، أو المقاطعة، أو المديرية، أو المنطقة، أو المدنية، أو القرية... كل بحسب مسمياته، وظروف تنفيذه.

كذلك يمكن القول: إن الادارة التربوية، هي كل عمل منظم، منسق، يخدم التربية والتعليم، وتتحقق من ورائه، الأغراض التربوية، والتعليمية،

تحقيقاً يتمشى مع الأهداف الأساسية من التعليم... ويعرفها النجار (النجار، 2002، ص 42): بأنها منظومات وعمليات ونماذج وعلاقات وقواعد تشغيل الموارد المتاحة للمؤسسات التربوية بغرض تحقيق أهداف متوازنة خلال فترة محددة، وتشمل هذه الموارد الإمكانات الفنية، والتعليمية، والبشرية، والمادية، والنقدية، والتي يجب أن تشغل عن طريق التخطيط المحكم والرقابة المانعة بالمعدلات والأنماط التي تضمن نجاح العملية التربوية والتعليمة.

ويؤكد الفايز (الفايز، 1413هـ ص 49-50) أن الادارة التربوية استطاعت أن تفرض نفسها كعلم مستقل عن العلوم الإدارية الأخرى. وفي الوقت نفسه فقد لقيت الادارة التربوي الاهتمام والعناية الكبيرين من قبل رجال الفكر والإدارة في المجال التربوي والتعليمي. ويقدم علي(علي، 1990، ص 25) خمسة مقومات للإدارة التربوية تتمثل في الأتي:

- الإنسان أو العامل الإداري.
- الإطار التنظيمي والفلسفي والسياسي والاجتماعي الذي تم العمل ضمنه.
- الوسائل والإمكانات والمؤسسات اللازمة وخارجها.
- الناس الذين يتم التعامل معهم ضمن المؤسسات وخارجها.
- الأساليب والأطر الفكرية والعلمية والعملية المتبعة.

والنظرة التحليلية لماهية الادارة المعاصرة في التربوية تؤكد عدة حقائق علمية (أحمد، 1996م، ص 19-20) هي:

1. إن إدارة المؤسسات التربوية تتعامل مع الجماعة وليس الفرد.

2. إن الإغراض التربوية ضرورة لازمة لوجود إدارة المؤسسات التربوية، وبدون هذه الأغراض تنتفي صفة وجود إدارة هذه المؤسسات، وتنعدم شرعيتها وفائدتها، وتصبح إدارة المؤسسات التربوية كأن لم تكن.

3. إن بلوغ هذه الأغراض يتطلب أن تستثمر إدارة المنظمات التعليمية عناصرها البشرية وعناصرها المادية أفضل استثمار ممكن، وأن تعمل على تنمية هذه العناصر وتلك بصفة مستمرة، بجانب تنمية موارد جديدة من العناصر البشرية والعناصر المادية.

كما يتطلب الأمر من ناحية أخرى القيام بالوظائف الإدارية المتعارف عليها (التخطيط.. تنظيم... الخ).

4. إن هذه الوظائف مترابطة ومتكاملة، فالنجاح في تأدية أي منها يتوقف على كفاءة الأداء في الوظائف الأخرى؛ لأن إدارة المنظمات التعليمية ينبغي النظر إليها على أنها منظومة متكاملة، يعمل كل نظام فرعي فيها عملاً محدداً يسهم بدرجة ما في تحقيق الهدف العام للمنظومة.

5. إن إدارة المنظمات التعليمية لا تهتم فقط بالمشكلات التربوية الراهنة, بل إن عملها يتعلق بالمستقبل والتنبؤ بالأنماط التعليمية الملائمة لكافة المراحل والحلول المستقبلية التي تتواءم مع المتغيرات الاقتصادية والتكنولوجية.

6. إن إدارة المنظمات تتأثر بالبيئة المحيطة، وتؤثر فيها، وبينهما علاقة تأثير وتأثر.

7. إن إدارة المنظمات التعليمية هي عملية مستمرة، ومصدر استمراريتها هو استمرارية بقاء المنظمات التعليمية ذاتها، التي تخدم البيئة وتسعى إلى تحقيق الأهداف المجتمعية المطلوبة.

إن العلاقات المتبادلة بين الأفراد، والمهام الإدارية، والقواعد المنظمة للعمل بمثابة عوامـل حاكمـة للأداء الإداري في المنظمـات التعليمية. (أحمد، 1996م، ص 19- 20)

وأهم ما يستخلصه الفايز (الفايز، 1413هـ ص 24) من دراسة الادارة التعليمية ما يلي:

- تقوم الادارة التربوية بوضع السياسة العامة للتعليم، والإشراف عليها، ومراقبتها، والتأكد من تحقيق الأهداف التعليمية والتربوية.

- على الرغم من النظر إلى الادارة التربوية كعلم مستقل إلا أنها لا تزال تعتبر جزء من الادارة العامة. فالإدارة التعليمية تتفق مع الادارة العامة من حيث الإطار العام للعملية الإدارية غير أن هناك اختلاف بينهما من حيث طبيعة العمل ومجال التطبيق.

- عملية التعلم والتعليم لا يمكن أن تتم بشكل صحيح ويتحقق لها النجاح المطلوب إلا إذا كانت هناك إدارة تربوية تقوم بوضع السياسة التعليمية، والإشراف على تنفيذها.

- تطور الادارة التعليمية يرتبط ارتباطاً كبيراً بتطور العملية التعليمية سواء من حيث الأنظمة والقوانين الموضوعة، أو من حيث النشاط البشري.

- تعتبر الادارة التعليمية من العلوم الإدارية الحديثة نسبياً حيث أنها مرتبطة بتطور علم الادارة بشكل عام والذي بدأ مع بداية القرن العشرين الميلادي.

- كانت الادارة التعليمية في بداية عهدها (قبل أن تصبح علماً) تقوم على أساس عفوي واجتهاد شخصي، ومرتبطة في الغالب بالأعراف والتقاليد السائدة في المجتمع أو الدولة.

- اصبحت الادارة التعليمية في الوقت الحاضر تقوم على أساس علمي من الدراسات والبحوث والنظريات، وتضبطها مجموعة من الأنظمة، والقوانين التي تنظم العمل داخل المؤسسات التعليمية، فيما بينها وبين المجتمع الذي توجد فيه.

- قدرة التعليم في أداء وظيفته، وتحقيق أهدافه يتوقف بشكل رئيس على قدرة الادارة التعليمية في القيام بجميع العمليات الإدارية المطلوبة منها كالتخطيط والتنظيم والتوجيه والرقابة وغيرها من العناصر الإدارية الأخرى. فإذا كانت الادارة التعليمية ضعيفة أو غير منظمة وبالتالي لا تؤدي الغرض المطلوب منها، وبالتالي سوف ينعكس على أداء التعليم وكفايته.

- وأخيرا فإن دراسة الادارة التربوية مفيدة بشكل خاص للعاملين في مجال التربية والتعليم؛ فهي تفيدهم في عملهم، وتمكنهم من معرفة الجوانب الإدارية والتعليمية المحيطة بهم.

فالإدارة التعليمية أو التربية كما يحلو للبعض تسميتها هي الادارة العليا في التعليم، وهي التي تقوم بوضع السياسة العامة للتعليم، ووضع الإستراتيجية الكفيلة بتحقيق الأهداف حسب الإمكانيات والموارد المادية والبشرية.

المهارات السلوكية للإدارة التعليمية:

لقد شهدت الادارة التعليمية اتجاهات جديدة، إذ لم تعد مهمة رجل الادارة التعليمية، تسير شؤون إدارته تسييراً روتينياً يتمثل ي المحافظة والتأكد من سير العمل وفق البرنامج المعد، بل أصبح محور العمل في هذه الادارة يدور حول التلميذ وضرورة توفير الظروف والإمكانات التي تساعد على توجيه نموه المتكامل، والعمل على تحسين العملية التربوية، لتحقيق هذا النمو كما أصبح يدور حول تحقيق الأهداف الاجتماعية التي يتبناها المجتمع. إن نجاح رجل الادارة التعليمية يعتمد على ما يتمتع به من مهارات إدارية والمقصود بها إدارة العمل بسرعة ودقة وهي بهذا المعنى تختلف عن القدرة والتي تعني إمكانية أداء العمل بصرف النظر عن السرعة أو الدقة في أدائه.

ومعنى هذا إن المهارة فائقة متطورة والفرق بينها إذن فرق في الدرجة لا في النوع، وتتميز المهارة بأنها مكتسبة ونامية؛ أي أن الإنسان اكتسبها من خلال خبراته وتجاربه وممارسته وهذه بدورها تعمل على تنمية المهارة باستمرار، وهناك مجموعة من المهارات التي تعتبر ضرورية لنجاح رجل الادارة والتعليمية، ويتفق دارسو الادارة على تصنيفها إلى ثلاث أنواع (الخطيب وآخرون، 1407، ص 85-89):

1- المهارة الفكرية أو العقلية.

2- المهارة الفنية.

3- المهارة الإنسانية.

1- **المهارة الفكرية:**

تتعلق المهارة الفكرية لرجل الادارة التعليمية بمدى كفاءته في ابتكار الأفكار، والإحساس بالمشكلات والتفنن بالحلول، والتوصل إلى الادارة، والمهارات الفكرية. وتعني المهارات الفكرية لرجل الادارة التعليمية قدرته في التصور والنظرة إلى التربية في الإطار العام الذي يرتبط فيه النظام التعليمي برمته، وبالمجتمع الكبير وليس مجرد نظرة جزئية إلى التعلم في نطاق مرحلة تعليمية أو مادة دراسية أو ما شابه ذلك، ورجل الادارة التعليمية الذي يتمتع بمهارات تصورية جيدة هو الذي يحتفظ في ذهنه دائماً بالصورة الكلية، وهو الذي يربط بين أي إجراء وبين الأهداف المنشودة من التربية، سواء كان هذا الإجراء متعلقاً بالإدارة، أو التنظيم، أو تطوير المنهج، أو هيئة العاملين، أو غيرها. ويضيف عقيلي (عقيلي، 1996، ص 287) أن امتلاك رجل الادارة التعليمية لهذه المهارة تعطيه المقدرة على الحكم على الأمور بشكل سليم من خلال النظر إلى المشكلات من كافة جوانبها؛ لاستخلاص الحقائق الأساسية واتخاذ القرار السليم بناءً عليها، وهي مصدر من المصادر التي تمنحه قوة التأثير في العاملين، وهذا بدوره يشعر العاملين بأن من يقودهم قادر على علاج الأمور بشكل جيد، واتخاذ القرار المناسب وهاذ ما يخلق الثقة في نفوسهم به ويهيئ له فرصة الممارسة بالشكل الأفضل.

ويذكر الملا (الملا، 84) إن هذه المهارة تعطي القدرة على الإحاطة بالصورة الكبرى (المؤسسة بما فيها من تعقيدات)، ومعرفة الشخص المناسب للمكان المناسب، وهذه المعرفة تهيئ للرجل الإداري فرصة التصرف طبقاً للأهداف الكلية للمؤسسة، وليس فقط تبعاً لأهداف وحاجات المجموعة التي هو

مسؤول عنها مباشرة. ويعرفها مصطفى (مصطفى، ص 52) بأنها مدى كفاءة الفرد على ابتكار الأفكار والشعور بالمشكلات والتوصل إلى حلول لها، وتحليل المواقف إلى مكوناتها، واستنباط النتائج المحتملة لها وربط الأسباب بالمسببات، وهذه المهارات ضرورية لمساعدة القائد التربوي على النجاح في تخطيط العمل، وتنظيمه، وتوجيهه، وترتيب الأولويات، وتوقعه للأمور المستقبلية. ويوضح زيدان (زيدان، ص 226) المقصود بها بأنها القدرة على إدراك أي موضوع ككل ويتضمن ذلك معرفة كيفية أن الوظائف المختلفة في أي مؤسسة تتوقف كل منها على الأخرى وأن أي تغيير يمس وظيفة ما يؤثر في باقي الوظائف، ثم تمتد تلك المعرفة إلى تصور العلاقة بين هذه المؤسسة بالذات، والمجتمع والقوى السياسية، والاجتماعية، والاقتصادية، للأمة بوجه عام.

2- المهارة الفنية:

تتعلق المهارة الفنية بالأساليب والطرائق التي يستخدمها رجل الادارة في ممارسة عمله، ومعالجته للمواقف التي يصادفها، وتتطلب هذه المهارة توفير قدر ضروري من المعلومات، والأصول العلمية والفنية التي يتطلبها نجاح العمل الإداري.

وهكذا ترتبط المهارة الفنية بالجانب العلمي في الادارة، وما تستند إليه من حقائق، ومفاهيم الأصول العلمية. ويذكر عقيلي (عقيلي، 1996، ص 287) إن إلمام رجل الادارة التعليمية لمكونات العمل المناط به وخصائصه، يخلق الثقة لدى العاملين معه، ويمنحه قوة التأثير فيهم مما يدفعهم إلى الاهتمام الأكبر بالمعرفة، والخبرة الفنية الجيدة المتوفرة لدى رئيسه وقائده؛ لأن ذلك

يشعرهم بالأمان تجاه من يوجههم، ويشرف عليهم، ويساعدهم في حل مشكلاتهم، ويطور أداءهم، بأنه إنسان كفء، وذو مهارة عالية، وقادر على هذا العمل بشكل جيد. ويعرف زيدان (زيدان، ص 224) المهارة الفنية: بأنها تفهم العمل وأدائه بإتقان، حيث تتطلب معرفة متخصصة وقدرة على التحليل، ومن الطبيعي أن تكون المهارة الفنية مألوفة أكثر من المهارات الأخرى؛ لأنها مهارة ملموسة بشكل اكبر، ولأنها في عصر التخصص الذي نعيش فيه وهي المهارة التي يجب أن تتوفر في اكبر عد من العاملين، بل إن معظم البرامج المهنية، وبرامج التدريب أثناء العمل تدور حول تنمية هذه المهارة الفنية المتخصصة.

كما يعرفها الملا (الملا، 84) بأنها: القدرة على استخدام المعرفة، والأساليب، والوسائل الفنية، والأدوات اللازمة لتنفيذ المهمات، وهذه القدرة تتبلور بوضوح أكثر من خلال الخبرة والثقافة العامة والتدريب.

3- المهارة الإنسانية:

تتعلق المهارة الإنسانية بالطريقة التي يستطيع بها الرجل الادارة التعليمية التعامل بنجاح مع الآخرين، كيف يستطيع أن يجذب الآخرين إليه، ويجعلهم يتعاونون معه، ويخلصون في العمل، ويزيدون من قدرتهم على الإنتاج والعطاء، وتتضمن المهارة الإنسانية مدى كفاءة رجل الادارة التعليمية في التعرف على متطلبات العمل مع الناس كأفراد ومجموعات. غن المهارة الإنسانية الجيدة تحترم شخصية الآخرين، وتدفعهم على العمل بحماس، وقوة دون قهر، أو إجبار وهي التي تستطيع أن تبني الروح المعنوية للمجموعة على أساس قوي، وتحقق لهم الرضا النفسي، وتولد بينهم الثقة والاحترام

المتبادل، وتوجد بينهم جميعاً أسرة واحدة متحابة متعاطفة. والمهارة الإنسانية مهمة وضرورية للعمل في كل المنظمات وعلى كل المستويات، إلا إنها تبرز بصورة ملحة بالنسبة للإدارة التربوية، وما يرتبط بذلك من طبيعة العلاقات التي تجمع بينهم. ويعرف عقيلي (عقيلي، 1996، ص 289) المهارة الإنسانية بأنها: القدرة على التعامل الحسن والجيد مع الآخرين، وكسب ثقتهم ومحبتهم، ورفع روحهم المعنوية، فرجل الادارة التعليمية الناجح مطلوب منه أن تتوفر لديه مثل هذه المهارة التي يسميها البعض فن التعامل مع الناس، وتوفرها يمنحه قوة التأثير في مرؤوسيه، والمهارة الإنسانية مصدر هام جداً يعطي رجل الادارة التعليمية قوة التأثير في سلوكيات ومشاعر مرؤوسيه، ويمكن استعراض المكونات التي تتكون منها هذه المهارة، بشيء من الإيجاز وعلى النحو التالي:

— معاملة المرؤوسين معاملة أخوية تتصف بالإحساس، والتعاطف، والمساندة، والمساعدة في حل مشاكلهم.

— توفير الاحترام والتقدير للمرؤوسين بوجه عام، وبشكل خاص للأفراد الذي يشغلون وظائف بسيطة.

— مراعاة العدالة، والموضوعية في معاملة المرؤوسين، ودون تحيز لأحد.

— استخدام مبدأ المشاركة في العمل.

— اطلاع المرؤوسين على تقدمهم في العمل أولا بأول، والعمل على تطوير أدائهم بنية حسنة.

— التوسط في حل الخلافات والصراعات التي قد تحدث بين المرؤوسين، والعمل على تسويتها، وتخفيف حدة الصراع بينهم، والمحافظة على تماسكم كوحدة عمل واحدة.

يعرف زيدان (زيدان، ص 224) المقصود بالمهارة الإنسانية: قدرة الإداري على أن يعمل بنجاح كعضو في مجموعة، وأن يبث روح التعاون في الفريق الذي يقوده.

ويعرفها الملا (الملا، 84) بأنها: القدرة على الدوافع، وتطبيق القيادة على الحكم الصحيح في العمل مع الآخرين التي ترتبط بعلاقات القائد مع مرؤوسيه، وتنسيق جهودهم وخلق روح العمل الجماعي، ومقدرته على التعامل مع مرؤوسيه في إطار اخوي، واهم هذه القدرات ما يأتي:

1- فهم لذاته، وفهم الآخرين.

2- القدرة على فهم الجماعة، والتعامل معهم.

3- القدرة على فهم التغيير، والتطوير وإدارتهما.

4- القدرة على قيادة مرؤوسيه، وتحفيزهم للعمل.

5- القدرة على حل الخلافات، والصراعات في المنظمة.

6- القدرة على الاتصال الجيد، استخدام مصادر التأثير على الآخرين بفاعلية.

وظائف الادارة التعليمية:

يتفق رجال الادارة التعليمية على إن هناك وظائف رئيسة تقوم بها الادارة أيا كان نوعها سواء كانت إدارة عامة أو إدارة أعمال أو إدارة تعليمية

أو غيرها من الإدارات الأخـرى، وقـد لخص الدكتـور أحمـد عبد الباقي بستـان (الفايز، 1413هـ ص 41-45) هذه الوظائف على أساس أنها وظائف تقوم بها الادارة التعليمية وهي كما يلي:

1. **التخطيط**: وهو الرؤية العلمية المنظمة والمبرمجة لتحقيق أهداف المؤسسة التربوية. ويشير الهاشل (الهاشل، 1407هـ ص 264) إلى أن التخطيط يضع الإطار العام لما ينبغي القيام به وطريقة ذلك من اجل تحقيق الأهداف التي يتوخاها المشروع.

2. **اتخاذ القرارات**: أي الاختيار من بين البدائل المطروحة، وتقرير الأولويات، وكيفية الاستفادة من العناصر البشرية وإمكانات المتاحة.

3. **التنظيم**: ويتعلق بتصنيف المهمات الكفيلة بتحقيق الأهداف، وبرمجة العمل، وتحديد المسؤوليات، وتقسيم مراحل التنفيذ، وتنظيم استخدام العناصر البشرية، والاستفادة من الموارد المتاحة: كما يشير الهاشل (الهاشل، 1407هـ ص 264) إلى أن التنظيم هو الذي يحدد التركيبة الأساسية الرسمية للسلطة التي تنظم ضمنها الأقسام، وتحدد واجباتها، وتنسق بالنسبة للأهداف المحددة.

4. **الضبط والإشراف**: وهي عمليات تتعلق بالتوجيه اليومي، والإشراف على سير العمل، وتذليل الصعوبات، وحل المشكلات التي تعترض مسيرة العمل التربوي.

5. **التقويم وإعادة التوجيه**: وهي أهم عملية من عمليات الإدارة التربوية الحديثة حيث تطبق المعايير الخاصة بالانجاز والإنتاج،

في ضوء الأهداف الموضوعة، وتامين المعلومات الفنية اللازمة للإدارة. ويحدد الفايز (الفايز، 1413هـ ص 45) الوظائف الأساسية للإدارة التعليمية فيما يلي:

1. تقوم الإدارة التعليمية بتنفيذ السياسة التعليمية، والإشراف عليها ومتابعتها على مختلف المستويات الإدارية.
2. تقوم الإمكانيات البشرية (موظفين - مدرسين - وغيرهم)، وتنظيم أعمالهم، والإشراف عليهم.
3. توفير الإمكانيات المادية (مباني - تجهيزات - أدوات دراسية وغيرها)، والإشراف عليها وصيانتها.
4. تنظيم الأفكار، والمبادئ التربوية والتعليمية وذلك خلال النظم التعليمية، والمناهج، وطرق التدريس والتأكد من أنها تتفق مع توجهات المجتمع من جهة ومع مستويات الطالب من جهة أخرى.

أساسيات الإدارة التربوية المعاصرة:

إن هناك مجموعة من الأساسيات بالإدارة التعليمية المعاصرة تساعد على نجاحها وتحقيقها لأهدافها بالشكل الأمثل، يمكن سردها حسب ما ذكرها النجار (النجار، 2002، ص 44-45) في النقاط التالية:

- **الديمقراطية:**
  - احترام آراء الأعضاء.
  - تنسيق جهود العاملين.
  - إتاحة فرص المشاركة.

- مشاركة الأعضاء في تحديد السياسات.
- تكافؤ السلطات مع المسؤوليات.
- توزيع الأدوار.
- العلاقات الإنسانية الفاعلة.

● **القيادة الجماعية:**

- استطلاع آراء العاملين.
- مشاركة الإدارات، والأقسام في الإدارة.
- توزيع المسؤوليات بين الأفراد.
- اكتشاف المواهب والمهارات.

● **العلاقات الإنسانية:**

- حسن معاملة الغير.
- تقدير انجازات الغير.
- فن الاستماع للغير.
- حل مشكلات العاملين.

● **كفاءة الأداء في إطار اللوائح:**

- مقارنة النتائج بالأهداف (الفعالية).
- مقارنة معدلات تشغيل الموارد (الكفاءة).
- قياس إنتاجية التعليم (الفعالية: الكفاءة).

مشكلات الإدارة التربوية:

على الرغم من أنه يصعب حصر مشكلات العمل التي تواجه القيادات التعليمية في الميدان التربوي – إذ يلتزم الأمر إجراء العديد من البحوث المسحية الميدانية – إلا أن مرجعية بعض الدراسات والتقارير التي أجريت في هذا المجال قد أبرزت العديد من المشكلات التي تلخص فيما يلي:

1. المركزية.
2. الإهدار البشري والمالي.
3. عدم توصيف الوظائف بدقة.
4. عدم تحديد المواصفات العلمية، والمهنية، والخصائص اللازمة لكل نوع من هذه الوظائف.
5. غياب أنظمة التقويم، والمتابعة.
6. نقل نماذج إدارية تعليمية من بيئات أخرى قد لا تصلح في البيئة المحلية.
7. الفردية في اتخاذ القرارات، وغياب البيانات، والمعلومات التي يمكن اتخاذها أساساً لصنع القرار.

العوامل التي تؤثر في إنتاجية المؤسسات التربوية:

تشير الأدبيات إلى أن إنتاجية المنظمات التعليمية – شأنها في ذلك المنظمات الأخرى – تتأثر بالعديد من العوامل. ويمكن تقسيم هذه العوامل إلى مجموعتين أساسيتين، (أحمد، 1996، ص 31-32) هما:

العوامل الداخلية وخصائص المنظمة وتشمل:

1- الخصائص التنظيمية: مثل طبيعة الهيكل التنظيمي، وعلاقات السلطة والمسؤولية.

2- نمط السلوك الإداري، أو سياسات الإدارة، وممارساتها الخاصة بتفويض السلطة، واتخاذ القرارات، وإدارة الوقت، والتفاوض، وحل المشكلات، والاتصال.

3- طبيعة الاستراتيجيات التي تنتجها الإدارة فيما يتعلق بالتصرفات الخاصة بانجاز الأنشطة التعليمية المتعددة.

4- نظم العمل وتشمل الإجراءات، ونظم المعلومات، ونظم الرقابة، وإعداد الموازنات.

5- العلاقات الإنسانية، ومدى تكيف الأفراد مع البيئة التنظيمية التي تشمل على سبيل المثال مدى وضوح الأهداف التي تسعى المنظمة لتحقيقها، ونظم الأجور والحوافز، ودرجة الحرية، ودرجة التعارض في الأهداف (أهداف الأفراد، الإدارات، المنظمة) ونمط السلوك القيادي السائد – وديمقراطي، متسلط، الخ...

6- المهارات المتوافرة لدى المنظمة، وإمكاناتها المادية، والفنية، والتكنولوجية، ودرجة تميزها في هذه المجالات عن غيرها من المنظمات.

7- خصائص الأفراد العاملين بالمنظمة من حيث الأداء، والخبرة، والتدريب، والأعمار، والاتجاهات (ايجابية - سلبية) ومستويات طموحهم.

8- البيئة المادية والتي تشمل موقع المنظمة، وعدد الأبنية، والضوضاء، والتهوية، والإضاءة.

العوامل الخارجية:

وتحتوي على كافة متغيرات البيئة الخارجية التي تعمل فيها المنظمة مثل:

1. مدى توافر الموارد المادية، والطبيعة اللازمة؛ لانجاز أنشطة المنظمة.

2. النظام الاقتصادي المطبق في الدولة (رأسمالي، اشتراكي، حر، مختلط).

3. القوانين السائدة في المجتمع، القوانين والضوابط التي تنظم التجارة الداخلية، الصناعة، التصدير، الاستيراد، التسعير، الإعلان.

4. القيم والمعتقدات السائدة في المجتمع.

5. درجة تأثير النقابات المهنية، وجماعات الضغط الأخرى بالمجتمع.

إدارة التربية والتعليم في المملكة الأردنية الهاشمية:

تعتبر إدارة التربية والتعليم الرئيسة في تنفيذ سياسة التعليم في وزارة التربية والتعليم، وتعرف إدارة التربية والتعليم بأنها: المؤسسة المسئولة عن العملية التعليمية في المنطقة أو المحافظة في المملكة حيث تدير عدداً من

مدارس التعليم العام ويرأسها مدير التربية والتعليم، ومهمتها الإشراف على تنفيذ الخطط، والبرامج التعليمية والتربوية، المعتمدة للمنطقة، أو المحافظة في إطار الأهداف، والأنظمة، واللوائح، والسياسات التعليمية والتربوية (وزارة التربية والتعليم). كما تعتبر مديريات التربية والتعليم المرجع الأول والمباشر لجميع المدارس، وهمزة الوصل بين وزارة التربية والتعليم والعاملين في الجهاز المدرسي. وتنقسم إدارات التربية والتعليم في المملكة إلى قسمين:

1. الإدارات العامة للتربية والتعليم في الوزارة.
2. مديريات التربية والتعليم في المحافظات.

مكونات الهيكل التنظيمي لمديرية التربية والتعليم في المنطقة:

يتكون الهيكل التنظيمي لمديرية التربية والتعليم في المنطقة من التالي:

مدير التربية والتعليم، ويرتبط به مباشرة ما يلي:

* **مساعد مدير التربية والتعليم للشؤون التعليمية، وترتبط به مجموعة من الأقسام.**

1. قسم الإشراف والتطوير والتدريب والتأهيل التربوي.
2. قسم التخطيط.
3. قسم التعليم العام و شؤون الطلبة.
4. قسم الإرشاد النفسي.
5. قسم النشاطات المدرسية.
6. قسم التعليم المهني.
7. قسم التعليم الخاص ورياض الأطفال.

8. قسم مصادر التعلم.

9. قسم الامتحانات المدرسية.

* مساعد مدير التربية والتعليم للشؤون الإدارية والمالية، وترتبط بها مجموعة من الأقسام:

1- قسم الأبنية المدرسية.

2- قسم شؤون الموظفين.

3- قسم الكتب المدرسية واللوازم.

4- قسم المحاسبة والشؤون المالية.

5- قسم التدقيق المالي والرقابة المالية.

6- قسم الشبكات وتكنولوجيا التعليم.

أ. الموقع التنظيمي:

ترتبط مديريات التربية والتعليم مباشرة بأمين عام وزارة التربية والتعليم للشؤون الفنية والإدارية.

ب. الهدف:

الإشراف على تنفيذ الخطط، والبرامج التعليمية والتربوية المتعددة للمنطقة في إطار الأهداف والأنظمة واللوائح، والسياسات التعليمية والتربوية.

ج. المهام:

1. وضع الخطط الخمسية والسنوية لمديرية التربية والتعليم في المنطقة في إطار الأهداف والسياسات التعليمية والتربوية، وتولي تنفيذها بعد اعتمادها.

2. الإشراف على تنفيذ الأنظمة، واللوائح، والقرارات، والتعليمات المتعلقة بالتعليم والتربية، وتعميمها على المدارس.

3. تحديد احتياجات المنطقة من البرامج التعليمية، والتربوية، والموارد البشرية، والمنشآت، والمرافق، والأثاث، والتجهيزات، والمقررات الدراسية، والأدوات، واللوازم، والعمل على توفيرها، وتوزيعها، وذلك بالتعاون مع الوحدات الإدارية المختصة بالوزارة.

4. إنشاء المدارس في المنطقة وترميمها وتولي أعمال الصيانة، وتوفير الأراضي والخدمات العامة، والمرافق اللازمة كالماء، والكهرباء، والهاتف، ووسائل النقل، وذلك بالتعاون، والتنسيق مع الوحدات الإدارية المختصة في داخل الوزارة وخارجها.

5. التنسيق مع الجهات الحكومية، ومؤسسات القطاع الأهلي في المنظمة فيما يتعلق بالبرامج التعليمية والتربوية، وتمثيل الوزارة في المنطقة.

6. الترخيص بإنشاء المدارس الأهلية، والإشراف على برامج التعليم غير النظامي في المنطقة وفقاً للأنظمة والتعليمات المتبعة.

7. الإشراف على كافة النشاطات التعليمية، والتربوية، وتهيئة المناخ الملائم للدراسة في المدارس، وتوفير الخدمات المتعلقة بشؤون القبول، والتسجيل والتوجيه، والإرشاد، والامتحانات، والنقل والصحة، والتغذية، ونشاطات الطلاب.

8. توجيه المعلمين، والمشرفين التربويين، والإداريين، وتدريبهم ومتابعة أعمالهم وتقويمها، ودراسة ظرف العمل؛ لتحسين مستوى الأداء، وتنشيط العملية التربوية والإدارة وذلك بالتعاون مع الإدارة العامة للتخطيط والتطوير الإداري في الوزارة.

9. مساعدة أجهزة الوزارة في تقويم وتطوير المناهج، والبرامج التعليمية، بما يتلاءم مع التطورات العلمية العصرية، وتقديم الاقتراحات الخاصة بذلك.

10. الإشراف على النشاطات الثقافية.

11. تقديم الخدمات الإدارية، والمالية واتخاذ الإجراءات اللازمة لتنفيذ الأنظمة واللوائح والسياسات المعمول بها في هذا المجال.

12. أي مهام أخرى تكلف بها في مجال اختصاصها.

أ. أهداف المديريات التربوية في المملكة الأردنية الهاشمية:

ضمان تنفيذ السياسات والبرامج التعليمية والتربوية في المنطقة، وتطبيق الإجراءات الإدارية والمالية التي تعزز تحقيق الأهداف التعليمية، والتربوية، وفقاً للأنظمة والخطط المعتمدة للوزارة.

ب. المهام:

1. المسؤولية العامة عن تنفيذ مهام مديرية التربية والتعليم في المنطقة.

2. الإشراف على إعداد الخطط الخمسية، والسنوية، لمديرية التربية والتعليم في المنطقة في إطار الأهداف والسياسات التعليمية والتربوية للوزارة، ومتابعة تنفيذها بعد اعتمادها.

3. الإشراف على تنفيذ الأنظمة واللوائح والقرارات والتعليمات المتعلقة بالتعليم، والتربية، وتعميمها على المدارس التابعة في المنطقة.

4. الإشراف على تحديد احتياجات المنطقة من البرامج التعليمية والتربوية، والموارد البشرية، والمنشآت، والمرافق، والأثاث، والتجهيزات، والمقررات الدراسية، والأدوات، واللوازم، والتأكد من توفيرها وتوزيعها وذلك بالتنسيق مع الوحدات الإدارية المختصة في الوزارة.

5. الإشراف على افتتاح المدارس في المنطقة، وإنشائها، وترميمها، وصيانتها، وتوفير الأراضي، والخدمات العامة، والمرافق اللازمة لها.

6. الإشراف على الخدمات والإجراءات اللازمة لتنفيذ الأنظمة، واللوائح، والسياسات الخاصة بالشؤون الإدارية والمالية.

7. رئاسة اللجان المكونة داخل نطاق إشراف مديرية التربية والتعليم في المنطقة.

8. الاتصال والتنسيق مع الجهات الحكومية ومؤسسات القطاع الأهلي في المنطقة فيما يتعلق بالبرامج التعليمية والتربوية، وتمثيل الوزارة في المجالس واللجان المحلية.
9. الإشراف على إعداد ميزانية مديرية التربية والتعليم في المنطقة، والإشراف على تنفيذها بعد اعتمادها.
10. الإشراف على تحديث وتنظيم المعلومات، والسجلات، والبيانات، والإحصاءات المتعلقة بنشاطات مديرية التربية والتعليم، وتزويد الجهات المختصة بالتقارير، والمعلومات، والبيانات، وفقاً للتعليمات في هذا الشأن.
11. أي مهام أخرى يكلف بها في مجال اختصاصه.

اختيار المديرين:

من المؤكد أن هناك أسساً علمية، يتم بها اختيار المديرين في مختلف المنظمات، وذلك لاختيار الأصلح والأمثل؛ لذلك فإن اختيار أولئك المديرين، يعد عملاً حاسماً، ذلك أن الاختيار يعد تكليفاً لا تشريفاً يتضمن العديد من المقومات التي تحتوي القدرات والمهارات ـ ويظل استشراف تجارب بعض الدول المتقدمة في هذا المجال غني بكثير من الدروس، والتي رصد بعض منها الكاتب "مصطفى السيد" ففي الولايات المتحدة الأمريكية رغم ما كانت تخضع له من محسوبية سياسية في أوائل القرن التاسع عشر، وحق الحزب المنتصر في ذلك، إلى أنه صدر قانون الخدمة المدنية في عام (1883م) الذي قضى بأن يكون التعيين على أساس الجدارة واللياقة.

وفي بريطانيا كان في منتصف القرن التاسع عشر يتم الاختيار طبقاً لنظام الجدارة بعد أن كان يتم قبل ذلك على أساس المحسوبية أيضاً، ثم تم إجراء عدد من الإصلاحات الإدارية التي انتهت بإقرار المسابقات العامة في اختيار الموظفين، والترقية على أساس الجدارة، مع مراعاة ارفع درجات التأهيل، وتوافر الخبرات، والصفات، والاستعدادات الشخصية المطلوبة، وهو ما يعرف بالربط بين التعليم والتدريب.

أما في فرنسا فإن الاختيار يتجه إلى الصفوة الرائدة، حيث يتم إعدادها وتدريبها، لتكون قادرة على عملية الإصلاح، ويعتمد في فرنسا على أسلوب متقدم في الإعداد بعد استكمال التثقيف وتنمية القدرات الفنية، والإدارية حيث يتم استخدام أسلوب المسابقات في الاختيار؛ لشغل الوظائف، أما الوظائف ذات الأهمية الخاصة، فيعتمد في شغلها على المدرسة الوطنية للإدارة التي تضطلع بمهام اختيار العاملين، وتدريبهم للمستويات الإدارية العليا، حيث تعد جيلاً من الإداريين يمتازون بالأصالة والكفاية والواقعية في التفكير، والبحث في المشكلات الإدارية مع القدرة على مواجهة الصعاب والتحديات، حيث يلتحق المرشحون بالمدرسة الوطنية للإدارة بعد إجراء مسابقتين: إحداهما مفتوحة لجميع المتقدمين من الخارج، والأخرى متخصصة للموظفين المدنيين الموجودين بالخدمة، الذين تتوافر شروط الالتحاق بالمدرسة.

وفيما كان يعرف بالاتحاد السوفيتي فإن شاغلي الوظائف الإدارية العليا، يتم اختيارهم على أساس المستوى العالي، والكفاية والمعرفة، والخبرة الفنية، والإدارية، كما يراعى الكفاءة والولاء الحزبي وفق تحديد دقيق لطالب

التأهيل، والتدريب. إضافة إلى مراعاة عنصر الوعي والثقافة والعامة والاستعداد التنظيمي والولاء لأهداف الدولة وغاياتها.(الشهري، 1999، ص 18)

أسس اختيار القيادة الإدارية في التربية:

لقد اختلفت طرق اختيار القادة من وقت لآخر، ومن مجتمع إلى مجتمع، وتعددت الفلسفات والنظريات التي تقف وراء كل من هذه الطرق والأساليب، وهي كما حددها "جلادين" بستة طرق رئيسية نوردها فيما يلي: (جعلوك، ص 163 - 165)

1. **الحرية المطلقة في الاختيار**: أن يكون للحاكم ملكاً كان أو رئيساً أو حزباً حاكماً حرية اختيار القادة، وشغل المناصب العليا بالأنصار، وهذا الأمر كان شائعاً في معظم المجتمعات، إلا أنه أصابه التغيير إلى حد كبير لصالح الأساليب الحديثة.
2. **مراعاة المركز الاجتماعي**: كما كان الحال في الماضي، بحيث لا يجوز إشغال المناصب العليا في الدولة إلا لأبناء الأسر الارستقراطية، وكذلك الأمر بالنسبة لهذه الطريقة، فقد زالت تقريباً هذه الأيام.
3. **أسلوب الانتخاب**: وقد عرفت هذه الطريقة في المجتمعات التي أخذت بالأسلوب الديمقراطي للحكم في العصور القديمة، ولا زالت متبعة في ككثير من المجتمعات بنسب متفاوتة، وبأساليب متنوعة.
4. **عن طريق التعليم والإعداد**: ويتم ذلك عن طريق انتشار التعليم بشكل عام، وعن طريق إعداد برامج خاصة لهذا الغرض.

5. **بإجراء الاختبارات المهنية**: للكشف عن قدرات المرشحين.

6. **باعتماد الخبرة والتجربة**: ولاسيما عند الترقية، وتعتمد هذه الطريقة عادة على سجل المرشح السابق، وانجازاته التي حققها من خلال عمله والخبرات التي اكتسبها منه.

ويؤكد (مكتب التربية العربي، 1417، ص 265) انه من الضروري أن يتم توصيف كامل لكل وظيفة من حيث المهام والأهداف، كما يتم تحديد مواصفات الشخص الذي يمكن أن يشغل هذه الوظيفة من حيث الصفات الشخصية اللازمة للنجاح في العمل، والمؤهل العلمي، ونوعية الإعداد والخبرة. كما يقدم مجموعة من الأسس الواجب توافرها، لاختيار القائد، وترقيته تتمثل في الآتي:

1. الحصول على المؤهل العلمي المحدد، والإعداد التربوي والمهني اللازمين للقائد الإداري.

2. اجتياز الاختبارات، والمقابلات الشخصية المحددة؛ لانتقاء القيادات المطلوبة.

3. اكتشاف من لديهم صفات القيادة من الميدان وترشيحهم لشغل مواقع القيادة.

4. تقويم القادة الإداريين بصفة مستمرة، واتخاذ مستوى نجاحهم في تحقيق أهداف العمل معياراً لاستمرار ترقيتهم (الكفاءة والتميز في الأداء).

وعلى مستوى المملكة الاردنية الهاشمية فقد اقترحت العديد من الشروط والضوابط الخاصة بالقيادات التربوية التي ينبغي أخذها بعين الاعتبار منها ما اقترحه العارف والجهني (العارف والجهني، 1421هـ):

1. المؤهل العلمي، وارتباطه بالمسؤولية المكلف بها، وتقديراته.

2. سنوات الخبرة، وارتباطها المكلف به وألا تقل عن عشر سنوات بشرط أن يكون المكلف قد مر خلال سنوات خدمته على معظم الإدارات والأقسام والشعب التي سيكون مسؤولاً عنها تحقيقاً لمبدأ التدرج الوظيفي.

3. تقديرات الأداء الوظيفي وألا تقبل عن الامتياز خلال السنوات الأربع الأخيرة.

4. تقديم خطة، وبرنامج من المرشح؛ لتطوير عمله الجديد، وتطلعاته، وطموحاته، واستشرافه للمستقبل.

5. أهم الانجازات العلمية، والعملية خلال فترة خبرته السابقة مثل عضوية اللجان، والمشاركة في المؤتمرات، والندوات، والأنشطة المختلفة، والبحوث، والدراسات... وغيرها.

6. تقديم المرشح لتوصيتين من اثنين من المسؤولين عنه لدى صلاحيته للعمل المتقدم له.

7. حسن الخلق، والاستقامة، والقدوة الحسنة، والانضباطية الذاتية، مع الإنتاجية العالية.

8. إجادة اللغة الانجليزية، مع معرفة التعامل مع وسائل الاتصال الحديث مثل: الحاسب الآلي، وشبكة الانترنت، والبريد الآلي... وغيرها.

9. العمر فالقائد التربوي كلما كان كبيراً في سنة كان ثابتاً في اتخاذ القرار، وغير متسرع، ومتوازناً نفسياً.

10. ألا يكون قد سبق في حق المرشح أي عقوبة تأديبية، أو ما يدل على تقصيره في أداء عمله السابق.

11. عقد اختبار مقنن؛ لاختيار القيادات التربوية صالح للبيئة الأردنية يشمل معلومات عامة، وثقافية، معلومات تخصصية، الميول، والاتجاهات، القدرة على اتخاذ القرار، القدرة على الإبداع، والابتكار في مجال عمله، وتخصصه وحصوله على (50%) من الدورة المقررة حيث يعتبر مجتازاً للاختبار.

12. اجتياز المقابلة الشخصية التي تجرى لجميع المتقدمين حسب المحاور، والضوابط الأساسيـة للمقابلة الشخصية، وحصوله على (75%) من الدرجة المقررة.

13. تعبئة استمارة الترشيح للقيادة التربوية، واستكمال جميع المعلومات، والحقول مع التوثيق الرسمي المطلوب.

14. من الأفضل أن يتوفر في المرشحين بعض الكفايات المطلوبة؛ لشغل القيادات التربوية، ويمكن تحديد أهم هذه الكفايات في المجالات التالية:

- مجال **التخطيط التربوي**: (تلك العملية المنظمة الواعية؛ لاختيار أفضل الحلول الممكنة معتمداً على الإحصاءات الدقيقة).

- مجال **التنظيم**: (توزيع العمل، وتقسيمه على العاملين).

- مجال **الإشراف**: (مساعدة، ومعاونة من يحتاج العون بالمشاركة الفعلية في جميع خطوات العمل).

- مجال **المتابعة**: (العملية التي يتم من خلالها التأكد من تنفيذ الأهداف، وأنها تسير سيراً حسناً حسب الخطة).

- مجال **التقويم**: (بيان مدى تحقق الأهداف المرسومة سلفاً مع التأكيد على تحليل نتائج التقويم بأسلوب إحصائي دقيق).

- مجال **تكوين القيادات التربوية**: (يحفز زملائه العاملين معه إلى عمل ما يجب عمله منهم برغبة، ونفس راضية، وإنتاجية عالية، وأسلوب امثل، ووقت اقصر، وجهد أقل).

- مجال **المناهج**: (يشرف مع زملائه المعلمين الأوائل، أو المشرفين التربويين الآخرين على دراسة المقررات الدراسية، وربطها بالواقع الحضاري).

- مجال **العلاقات الإنسانية**: (يحاول جاهداً مع زملاءه تنشيط دوافع الأفراد في جميع المواقف؛ لتحقيق التوازن بين حاجات الأفراد الأساسية، والأهداف التربوية المطلوبة).

- **مجال النمو المعرفي:** (يتابع الإصدارات الحديثة في التخصصات العلمية والبرامج والدوريات التربوية بصورة دائمة، وتعريف زملائه بها).

- **مجال الاتصال:** (يسعى مع زملائه للاتصال الدائم بمصادر المعرفة ديدنه التنقيب عن كل ما يخدم الميدان التربوي).

- **مجال النشاط المدرسي:** (يحاول مع زملائه كي يكون النشاط مربياً بالفعل، ومكملاً للجهود المبذولة داخل المدارس).

- **مجال التدريب والإرشاد المدرسي:** (مساعدة الطالب على النمو السليم المتوازن جسمياً، وعقلياً، وتربوياً، مع تنمية ميوله، ورغباته، وإبداعاته).

- **مجال التدريب التربوي:** (يحدد مع زملائه احتياجاتهم التدريبية، ثم يقوم بوضع البرامج التدريبية التي تطور المعلمين أثناء الخدمة).

الفصل الثالث

كفايـات القائد التربـوي

كفايات القائد التربوي

الكفايات:

خلال العقد الماضي، أخذ الحديث عن التربية ينحو منحى اللغة التجارية الخاصة بالأسواق والاستثمارات والمنتجات. وقد شمل هذا الحديث موضوع الكفايات، حيث كان خلف التركيز على مجال الكفايات ضعف صلة الجانب المهني بما يقدم للطلاب، والحاجة إلى المنافسة في المجالات الاقتصادية المختلفة، حسب ما أكد ذلك الكثير من أنصار هذا التوجه أمثال (جيسب، 1989) والذي يؤكد أن المقررات والبرامج كانت تركز على الحصول على المعرفة والنظرية وتهمل جانب الأداء. ولقد كان التركز على جانب الكفايات متجهاً نحو الطلاب كمخرج تعليمي. وقد اقتصر تعريف الكفاية خلال الثمانينات على جانب واحد فقط ألا وهو الأداء. وبشكل آخر فقد كان التعريف يهتم بما يفعله الفرد أكثر مما يعرفه. ويفصل ذلك فيما يلي:

- أن الكفاية تركز على الأداء مما يستلزم أن يكون هناك محيط مناسب لهذا الأداء.

- أن الكفاية تعد مخرجاً حيث تشرح ما يستطيع الشخص عمله، وليست تشرح عملية التعليم نفسها التي يخضع لها المتعلم.

- ضرورة وجود معايير واضحة ومعروفة وشاملة من خلالها يتم قياس قدرة الفرد في الأداء يعتمد ويصدق.

- تعد الكفاية مقياس لما يستطيع الفرد عمله في نقطة محددة.

وهذا الفهم غير شامل حيث إنه أهمل جانب الفهم والتعلم؛ وذلك لارتباطها فقط بالجانب المهني والمهارات أكثر من الفهم. وربما يعود ذلك إلى أن مفهوم الكفاية هذا عبارة عن انعكاس ضعيف لفكر روماني قديم أو لمنقبة في روما القديمة في العهد الروماني، وتعني صفة أو سجية دائمة خاصة بالشخص لا تتغير وتنال التقدير والاحترام من قبل المجتمع، وهذا نوع من الامتياز والأصالة الخاصة بهذا الفرد. ثم بدأ يتحول مفهوم الكفاية حتى انضوى تحت مفهوم القدرة على انجاز مهام محددة بغض النظر عن الخصائص الاجتماعية والفكرية. حتى تم التعامل معها على أنها سلسلة غير مترابطة من الأنشطة التي يوظف فيها الفرد المهارات والمعارف والمفاهيم بشكل فاعل. وهذا يعني سلوكاً وبالتالي يمكن قياسه بشكل علمي. (سميث، 2002) ويذكر (هوفمان، 1999، p5) أن مصطلح الكفاية قد تم تعريفه بناء على متابعة الأداء في العمل. كما تعريفه على أنه معيار يتم القياس عليه، أو مجموعة من المعايير التي يتم تحقيقها بواسطة العامل في عمله. ولهذا فكلا التعريفين يصبان في هدف واحد إلا وهو جعل إدارة الأداء الكفء سلوكياً وبذا يمكن قياسه ومتابعته من خلال ذلك، ونجد أن التركيز في الكفاية يتمثل في السلوك وذلك في سبيل الحصول على الإمكانية لقياس مداه.

تعريف الكفاية:

لقد اختلفت الدراسات في تناولها لتعريفات الكفايات، فبعضها تناول تعريفها بشكل عام، في حين أن الأخرى تناولتها من جانب معين ركزت عليه. ومن الدراسات التي أوردت تعريفاً للكفاية بشكل عام دراسة (الطوبجي، 1987، ص277) حيث يذكر أن الكفاية تتمثل في امتلاك الشخص

المعلومات، والمهارات، والقدرات اللازمة لتحقيق مستوى مقبول من الأداء، وهي باختصار تعبير عن مدى مناسبة الشخص بهذه الإمكانات للقيام بالمهمة المطلوبة.

ويذهب مرعي وآخرون (مرعي وآخرون، 1992، ص 135) إلى أن الكفاية هي "المقدرة على عمل شيء بمستوى معين من الأداء بتأثير وفعالية. حيث تكون الكفاية في صورة هدف عام ومصوغة سلوكياً على شكل نتاجات تعليمية تعكس المهارة أو المهام التي على المشرف التربوي أن يكون قادراً على أدائها". ويؤيده سميث (سميث، 2002) حيث يعرف الكفاية بأنها القدرة على عمل نشاط معين حسب معايير محددة.

وتذكر جرينفيلد (جرينفيلد، 2000) أن الكفاية تتناول التمكن من المعارف والمهارات والقدرات الضرورية لأداء مهمة معينة أو وظيفة في محيط العمل.

ويعرف الدريج (الدريج، 2000) الكفاية بأنها "نسق من المعارف المفاهيمية والمهارية العملية والتي تنتظم على شكل خطاطات إجرائية تكمن داخل فئة من الوضعيات (المواقف) من التعرف على مهمة - مشكلة وحلها بانجاز أداء ملائم".

كما يعرفها العريني (العريني، 1424هـ ص7) بأنها "المعارف والمهارات والاتجاهات التي يكتسبها الفرد ليكون قادراً على أداء سلوك معين يرتبط بمهامه التعليمية بكفاءة وفعالية".

وهذا الأداء يمكن ملاحظته وقياسه، ويؤكد أيضاً إن ذلك يشتمل على التالي:

- تتكون الكفاية من معارف ومهارات واتجاهات متصلة بتحقيق الهدف المنشود.

- ترتبط الكفاية من سلوك، وهو النشاط المعرفي والوجداني والمهاري الذي يظهره الفرد حينما يمارس عمله.

- إمكانية ملاحظة الكفاية وقياسها.

- يشتمل التعريف على الكفايات المعرفية والأدائية والإنتاجية.

كما يذكر مرعي وآخرون (مرعي وآخرون، 1992، ص 135) أن التمكن من الكفاية هو استيعابها وفهمها بعد معرفتها واستخدامها هو ممارستها بسرعة وإتقان ودون جهد كبير في المواقف المناسبة.

كما يقول ادموند شورت إن للكفاية التعليمية أربعة مفاهيم هي:

أ. الكفاية كسلوك: ويعني هذا المفهوم عمل أشياء محددة وقابلة للقياس، ولذلك يغلب على هذا المفهوم الدقة والتحديد.

ب. الكفاية هي التمكن من المعلومات: ويعني هذا المفهوم استيعاب وفهم المعلومات والمهارات فهماً يتعدى عمل أشياء محددة كما في المفهوم الأول، بل يصل هذا المفهوم إلى اختيار القيام بالعمل ومعرفة سبب الاختيار، ويتضمن كذلك النشاطات المختلفة.

ج. الكفاية درجة المقدرة: ويؤكد هذا المفهوم على ضرورة الوصول إلى درجة معينة من القدرة على عمل شيء في ضوء معايير ومقاييس متفق عليها.

د. الكفاية على أساس نوعية الفرد: ويتصل هذا المفهوم بالخصائص الشخصية للفرد التي يمكن قياسها بناء على معايير أو مقاييس شخصية موضوعية ومرغوب فيها باستخدام المقابلات والاستبانات.

أما من تناول موضوع الكفاية من جانب خاص، فنجد أن الكثير من الدراسات تناولت موضوع الكفاية من ناحية المعلم، حيث تعرفها أبو السميد (أبو السميد، 1985، ص 56): "بأنها قدرة المعلم على أداء مهامه التعليمية بمستوى معين من الإتقان يضمن تحقيقه النتاجات المطلوبة في سلوك التلاميذ". كما يعرف العتيبي (العتيبي، 1418، ص9) الكفايات بأنها "مجموعة من المعارف، والمهارات، والقدرات، والاتجاهات التي ينبغي أن يمتلكها المعلم، ويكون قادراً على تطبيقها بفاعلية وإتقان أثناء التدريس ويتم اكتسابها من خلال برنامج الإعداد وقبل الخدمة والتدريب والتوجيه أثناء الخدمة". كما يعرفها زيدان (زيدان، 1409) أنها "مجموعة القدرات أو التمكنات المرتبطة بمهام وادوار المعلم المختلفة سواءً كانت على المستوى النظري والذي يتضح من خلال التخطيط، والإعداد للأعمال اليومية، والأنشطة المتعددة المتصلة بها أو كانت على المستوى التطبيقي والذي يتضح من خلال السلوك والأداء الفعلي للمعلم داخل الفصل الدراسي أو خارجه".ويعرف العيوني (العيوني، 1413، ص 5) الكفاية بأنها "مجموعة من المهارات والقدرات التي يمكن أن

يكتسبها المعلم في أثناء فترة الإعداد أو من خلال الخبرة والتوجيه، وتساعده على القيام بتدريس العلوم بنجاح". ونجد أن الخطيب (الخطيب، 1995، ص 774) يعرف الكفاية المهنية بأنها "تلك المهارات المكتسبة النامية من خلال الخبرات، والتجارب، والممارسات والتي تعد ضرورة لأداء العمل بسرعة ودقة"، في حين ذكر العتيبي (العتيبي، 1418، ص9) أن (اوفاندو وتروكسل) يبين أن الكفاية اكبر من كونها مجموعة من المهارات حيث عن المهارات جزء بسيط من الكفاية التي هي أعم واشمل. ويعرف الشمري (الشمري، 1419، ص 7) الكفاية بأنها قدرة مدير المدرسة على أداء عمله بمهارة وفعالية من أجل تحقيق أهداف المرحلة التي يعمل بها، كما يعرف الكفاية المهنية بأنها جملة من المعلومات، والمهارات، والاتجاهات، التي يكتسبها مدير المدرسة من خلال التدريب الجيد القائم على تلبية الاحتياجات أثناء ممارسته للعمل الإداري فتساعده على أداء دوره بنجاح وبها يحدد مستواه. كما يوضح:

1. أن الكفاية تشتمل على المعارف، والمهارات، والاتجاهات، التي تتصل اتصالاً مباشراً بمجال معين.

2. أن الكفايات تشتق من ادوار المدير المختلفة، ومن المواقف التعليمية الإدارية التي تواجهه.

3. أن لكل فرد كفايات مهنية معينة قد تميزه عن غيره في أداء العمل المطلوب منه.

4. أن الكفاية تبين مستوى الأداء للفرد نوعاً وكماً.

ويذكر ماكفيراين ولومس (ماكفيراين ولومس، 1999) إن استخدام مصطلح (كفاية) يشير إلى صورة بسيطة جداً لقيمة التربية. فهي تقتضي وجود نوعين أساسيين من المديرين – كفؤ وغير كفؤ – واللذان يعتمدان على مفهوم الحقيقة المطلقة للمعايير أكثر من مفهوم المعايير المتعلقة حيث أن المعايير المطلقة تتميز بنوع من الجاذبية.

فتصميم الكفاية يزيل التفكير الذاتي، أو الأناني في التربية ويقدم أهدافاً واضحة، وقابلة للتغيير، ويذكر نشوان والشعوان (نشوان والشعوان، 1990، ص107) أن الكفاية تتطلب وجود عاملين أساسيين هما: المعرفة والسلوك. فالمعرفة هنا أساسية وضرورية للسلوك الذي تظهر فيه درجة الكفاية، والمعرفة تكتسب أهميتها في أنها تحدد، وإلى درجة كبيرة، أنماط السلوك التعليمي للمعلم، فهي تتصل بمعرفة المعلم بالمادة التعليمية التي يقوم بتدريسها، وخصائص التلاميذ النفسية، والاجتماعية، ومطالب نموهم، وكذلك طرق التعلم، وما تستند إليه من نظريات التعلم إضافة إلى معرفة بالتخطيط للدروس، واستخدام الوسائل التعليمية التعلمية، وتنظيم المواقف التعليمية وغيرها من التي تخدم السلوك التعليمي.

من خلال ما سبق يتضح أن مصطلح كفاية لم يحظ بتعريف واضح ومحدد. ولكن هناك معنيان أساسيان لهذا المصطلح يمكن إطلاقهما عليه. الأول يتعلق بالمخرجات أو نتائج التدريب. وبعبارة أخرى كفاءة الأداء. أما التعريف الآخر فيتعلق بالمدخلات أو الحاجات الأساسية المطلوبة للفرد لتحقيق أداءه بكفاءة. ولقد تم استخدام هذا المصطلح في الميدان التربوي لوصف سلوك المعلم المتدرب كما استخدم علماء النفس هذا المصطلح كمقياس للقدرة

بالإضافة إلى توضيح أدائهم الملاحظ الذي يصف سماتهم أو مقدرتهم الأساسية (مرعي، 1983، ص 25) ولقد نظر مديرو الموارد البشرية لهذا المفهوم كأداة تقنية لتوظيف التوجه الاستراتيجي من خلال وسائل التوظيف، التعيين، التدريب، التقييم، الترقية، نظام الحوافز، والتخطيط الوظيفي، أما التربويون فقد حاولوا ربط فكرة الإعداد للعمل والتميز المهني بالتربية الشاملة. (هوفمان، 1999، ص 1) ويستنتج علقم من التعريفات الخاصة بالكفايات الخاصة بمديري التربية والتعليم ما يلي:

1. ليس هناك اختلافاً جوهرياً بين المعنى اللغوي والمفهوم الاصطلاحي للكفاية، وإنما جاءت المفاهيم المختلفة، مفسرة وموضحة معنى الكفاية اللغوي بألفاظ تربوية إجرائية أحياناً، ومبنية الجوانب التي على المرء أن يتصف بها في مجال علمه، ويتمثلها لتصبح جزءاً من سلوكه، أو تظهر في ممارساته وأفعاله ليستطيع بها القيام بالعمل الموكول إليه، وأداء دوره بشكل يضمن تحقيق الأهداف المحددة للعمل.

ولئن جاءت المفاهيم الاصطلاحية للكفاية متباينة أحياناً، ومتفقة أحياناً فإنما ذلك كذلك، لاختلاف الدراسات التي تناولتها، ولاختلاف أغراضها وأهدافها، فكانت هذه الدراسات تتناول الكفايات ومفاهيمها من الجوانب التي تخدمها وتحقق غاياتها ومصالحها المختلفة، ومن الطبيعي أن تجيء المفاهيم مختلفة أيضاً، ولكن هذا الاختلاف لم يكن واسعاً شاسعاً.

2. أن الكفاية ترتبط بالأدوار والمهام والوظائف والأعمال والواجبات والمسؤوليات التي يقوم بها المدير، أو أي مهني.

3. وترتبط بادراك المعارف، والمعلومات، والاتجاهات، والمواقف، والقرارات، والتعليمات، والمهارات، والمفاهيم الشخصية، والإدارية، والفنية، والإنسانية اللازمة لمدير التربية والتعليم، أو غيره من المهنيين.

4. ترتبط بتحقيق الأهداف، والوصول إلى المخرجات والنتاجات المرتبطة بالحد الأقصى من العمل أو المستوى المعين منه. ويستنبط علقم مراتب تكوين الكفاية كالتالي:

أولاً: إدراك المعلومات، والمعارف، والمواقف، والمفاهيم، والتعليمات الإدارية، والشخصية والفنية والإنسانية.

ثانياً: تحويل ذلك إلى أداء، وسلوك، وإجراءات، وعمليات، وأساليب، ونشاطات، بقدرة، ومهارة وإتقان، وثقة.

ثالثاً: تحقيق الأهداف، والوصول بالأداء إلى المخرجات، والنتاجات المنشودة، بمستوى معين، كما يستخلص علقم التعريف التالي للكفاية اللازمة لمدير التربية والتعليم من خلال تحليله السابق بأنها "القدرة على القيام بالمهام والأدوار المطلوبة بمهارة بغرض تحقيق الأهداف بثقة".

1. أن الكفاية تتعلق بادوار ومهام مدير التربية والتعليم وقدرته، ومهارته على القيام بها.

2. أن الكفاية تتكون من مجموعة معارف، ومفاهيم، وقيم، ومواقف، واتجاهات، ومعلومات إدارية، وفنية، وشخصية، وإنسانية، لدى مدير التربية والتعليم تظهر بسلوك يؤديه أو موقف يتخذه.

3- أن الكفاية تتكون من أداء، وسلوكيات وهي ما يعبر عنها مدير التربية والتعليم أثناء تأديته لعمله مجموعة من التصرفات، والنشاطات، والأساليب، والعمليات بثقة.

4- أن الكفاية يحددها تحقيق الأهداف، والنتائج المرجوة، والمستوى المعين للأداء. (علقم، 1413هـ ص29)

ومن خلال هذه التعريفات السابقة يمكن القول:

1- أن معظم هذه التعريفات تركز على الجانب الذي يتناوله حيث يغلب عليها مجال المعلم ومدير المدرسة، مما يعطي الصورة الواضحة التي تبين أن كثيراً من الدراسات التي تناولت موضوع الكفايات ركزت على هذا الجانب، ولم تتطرق إلى الجوانب الأخرى الخاصة بالمشرفين التربويين ومديري العموم ومديري التربية والتعليم والأساتذة الجامعيين.

2- أن معظم هذه التعريفات تركز على جانبين مهمين في الكفاية هما: الجانب المعرفي والجانب الأدائي وهما نفس الجانبين اللذين تركز عليهما هذه الدراسة.

ويمكن استخلاص تعريف الكفاية الخاص بهذه الدراسة بأنها: القدرة المعرفية والأدائية لمديري التربية والتعليم في المملكة العربية السعودية في مجال عمليات التخطيط، وإعداد الخطط التربوية. ويشمل هذا التعريف:

1. المجال المعرفي الذي يعتبر أساساً لأي عمل يرتكز على ضرورة فهم وإدراك مدير التربية والتعليم للجوانب الخاصة بالعملية التخطيطية في مراحلها الثلاث تشخيص وتحليل الوضع الراهن،

ومرحلة إعداد وتنفيذ الخطة، ومرحلة المتابعة والتقويم. وكذلك يركز على الجانب الأدائي المتعلق بقدرة مدير التربية والتعليم على التعامل مع مختلف الإجراءات لهذه المراحل.

2. أن هذا التعريف يركز على النشاطين الأساسيين في التخطيط:

أ. النشاط العقلي المتمثل بعمليات التخطيط المختلفة المتعلقة بوضع الرؤية، وتحديد وصياغة الأهداف، وتحديد الاستراتجيات.

ب. النشاط الأدائي الخاص بإجراءات وضع الخطة، وتنفيذها، ومتابعتها وتقويمها.

مناح لتحديد الكفايات:

يذكر الخوالدة (الخوالدة، 1990م) أن هناك أربعة مناح يؤخذ بها لغرض تحديد الكفايات:

أ. منحى أسلوب تحليل النظم، واستخدام تقنياته في تحليل نظام العملية التعليمية لاستخلاص الكفايات اللازمة. ويمكن تعريف تحليل النظم حسبما ذكر أحمد (أحمد، 1996، ص 130) في أن "الين انتهوفن" يعرف تحليل النظم بأنه سلسلة متصلة من تحديد الأهداف، ثم تصميم للنظم البديلة لتحقيقها، ثم تقييم لهذه البدائل في ضوء فعاليتها، وكلفتها، ثم إعادة النظر في الأهداف ثم ابتكار بدائل جديدة، وإيجاد أهداف جديدة وهكذا. ولهذا فهو منهج في التحليل يستهدف التمكين للوصول إلى قرارات أو اختيارات أفضل بشأن المستقبل. ويهدف أسلوب تحليل النظم بشكل أساس بعد تحليل

النظام إلى المعرفة الجيدة بطبيعة هذا النظام، واستخدام هذه المعرفة في تطوير النظام أو حل مشكلاته.

ب. منحى ملاحظة سلوك مجموعة من المعلمين النابهين، والناجحين في عملية التدريس الفاعل لاشتقاق الكفايات اللازمة لإعداد المعلمين.

ج. منحى البحوث التربوية التي من شانها أن تكشف عن المتغيرات أو العوامل التي تؤثر في عملية التعليم بصورة ايجابية لاشتقاق الكفايات التعليمية المطلوبة لإعداد المعلم الناجح. إن منهجية البحث الإجرائي كانت ضاربة في عمق التاريخ في تاريخ الفكر الفلسفي، كما يذكر مدبولي (مدبولي، 1423هـ ص 124) إذ كان أرسطو قد دعا إليها في كتاباته حول "علم الأخلاق" واسماها بالتأمل من خلال التداول الفعلي للأفكار. كما يؤكد مرسي (مرسي، 1994، ص 26) أن البحث التربوي يعد ضرورة في التوصل إلى أفضل السبل التي تمكننا من تطوير الجانبين النوعي، والكمي، للجوانب التعليمية على أساس موضوعي سليم، وتوجيه العمل على أساس من التعقل والاستبصار.

إن هناك ثلاثة أنواع أساسية من البحوث يذكرها مرسي (مرسي، 1994، ص 32) في الآتي:

- البحث التحليلي الذي يهدف إلى الوصول إلى تحديد العلاقات التي تحكم ظاهرة ما على أساس استقرائي. وهو يستخدم في ذلك الطريقة الاستقرائية، والرياضية، والتاريخية، والفلسفية، واللغوية.

وعلاقة هذا النوع من البحث بالمجال التطبيقي أو الممارسة العملية تتمثل في توضيحه للافتراضات، والنتائج المتوقعة، للتغييرات أو التجديدات المقترحة، ووضع بعض معايير تقويم لهذه التغييرات أو التجديدات.

- البحث الوصفي الذي يهدف إلى وصف الظاهرة، أو الأوضاع القائمة بالفعل. وهو يستخدم طرقاً متعددة منها المسح، ودراسة الحالة، والاستبيانات، والمقابلات، والملاحظة المباشرة. وعلاقة هذا النوع من البحوث بالممارسة العملية تتمثل في أن رصده للواقع يساعد مستقبلاً على تغيير الظروف التي تحكم هذا الواقع. وهذا هو النوع الذي انتهجته هذه الدراسة.
- البحث التجريبي الذي يهدف إلى البحث في العلاقات السببية التي تحكم الظاهرة. وهو يستخدم طريقة الضبط التجريبي من خلال وجود مجموعتين إحداهما تجريبية والأخرى ضابطة. وبهذا يمكن توضيح أثر العوامل المتغيرة في المجموعتين.

د. منحى معرفة آراء ووجهات نظر التربويين المشتغلين في إعداد وتأهيل المعلمين لتحديد الكفايات التعليمية.

هـ يضيف مرعي (مرعي، 1983هـ ص 54) منحى تحليل المهارات وذلك عن طريق التركيز على أنواع النشاط التي توجه نحو تحقيق الوظائف وتنظم الخبرات العلمية.

حركات الكفايات:

إن هناك عدة عوامل أدت إلى نشوء حركة الكفايات حيث يذكر مرعي (مرعي، 1983، ص 28-40) هذه العوامل فيما يلي:

1. اعتماد الكفاية بدلاً من المعرفة (بلاً من الاعتماد على الجانب النظري المعرفي بشكل كامل يتم الاعتماد على الأداء).
2. حركة المسؤولية - وذلك بعد تأصيل مبدأ (المحاسبية) ومدى تحقيق الأهداف وفق اختيار يعتمد على خصائص المسؤول.
3. حركة منح الشهادات القائمة على الكفايات، وهي الترخيص بالعمل والذي يعتمد إعطاءها على مستوى الأداء الحقيقي.
4. تطور التكنولوجيا التربوية ولا يقصد بذلك الآلات والأدوات فحسب وإنما تطبيق العلم على العمل وإتباع التعليم المبرمج بالأهداف.
5. حركة تحديد الأهداف على شكل نتاجات تعليمية سلوكية حيث أنها حجر الزاوية في التربية القائمة على الكفايات وذلك لارتباطها بتحقيق الأهداف أكثر من غيرها.
6. التعلم الإتقاني وذلك لأنه يعتمد بشكل أساس على الاهتمام بالأداء وبتزويد المهارات الخاصة به.
7. حركة التجريب، وذلك لارتباطها بالتغير المتسارع للعالم، والتربية العملية المتصلة بعلم النفس، والسلوك النفسي، والاجتماعي، والواقعية.

8. اختلاف مفهوم التعليم وذلك لأنه لا توجد مبادئ مثلى موحدة في التعليم مما يركز على القياس من خلال الأدوار التي تؤدى.

9. حركة التربية القائمة على العمل الميداني، وذلك لتزويد العاملين بالخبرات ولتكامل وجهات النظر من خلال مشاهدة وملاحظة العمل.

10. حركة تفريد التعليم وذلك لحل مشكلة المنهج التقليدي الذي يعلم كل شيء عن شيء ما، وشيئاً ما عن كل شيء.

11. السلوكية حيث ارتباطها بالمدرسة السلوكية التي تعتمد على تشكيل السلوك وتعديله كأهم نمطين.

12. النظم وذلك لأن احد المصادر أو المناحي التي تعتمد عليها الكفايات هو أسلوب تحليل النظم، وذلك يساعد على حل كثير من المشكلات، ويكون إطاراً فلسفياً متكاملاً ويحسن الأساليب التقويم.

13. التدريب الموجه نحو العمل وهو من ابرز الاتجاهات الحديثة التجديدية، لأن الكفايات تجسد الاتجاه في التدريب.

14. تطور أساليب التقويم نحو العمل لأن لهما نفس السمات. حيث أن الاتجاه نحو التحسين نتيجة العمل لدى العامل، فقد تحسنت أساليب التقويم وارتبطت بحركة الكفايات.

أهم الصعوبات التي تواجه الحركة المعتمدة على الكفايات:

إن هناك عدة صعوبات تواجهها الحركة المعتمدة على الكفايات يمكن ذكر أهمها فيما يلي:

1. الاختلاف حول مفهوم الكفايات:

إن تعدد تعريفات الكفاية، وضيق الفرق بينها، وغيرها من المفاهيم، كالمهارة، والقدرة، أدى إلى حدوث إشكالات في فهم مفهومها، والحد من تبنيها وتطبيقها في المجال التربوي. كما أدى ذلك إلى عزوف بعض المسؤولين عن دعمها وتطبيقها على الميدان التربوي أو حتى دراستها، حيث يتركز هذا العزوف لدى أولئك الذين ليس لديهم فهم واضح بأهمية الكفايات، كما إن بعض الدراسات التي قدمت مجموعة من الكفايات ينقصها الدقة حيث قدمت كفايات ذات صبغة عمومية يصعب قياسها مما زاد نفور المسؤول عن الأخذ بها.

2. تركيز الكفايات على الأداء الذي يمكن قياسه:

حيث إن منبع الكفايات يعتمد على قياس السلوك الظاهري القابل للقياس وذلك تبعاً للمدرسة السلوكية، كما إن فكرته تعتمد بشكل كبير على فكرة المصنع، وقياس المنتج، فإن ذلك لا يمكن تطبيقه بشكل كامل على المجال التربوي الذي تشترك فيه عوامل عدة تعتمد على السلوك الظاهري بالإضافة إلى جوانب أخرى تعتمد على القيم، والأخلاق، والاتجاهات، وهذه الجوانب لا يمكن قياسها بالطريقة التي تستخدم لقياس المنتج في المصنع، وهذا سبب نوعاً من الصعوبة في تحديد الكفايات الدقيقة لكل مجال في التربية.

3. **عدم الدقة والوضوح في المهام والأدوار:**

إن كثيراً من الأعمال والمهام التي تؤدي في كثير من الوظائف لا تتبع إطاراً واضحاً ومعيناً يحدد مهام كل عامل أو قيادة، وهذا يلعب دوراً كبيراً في تعطيل تحديد الكفايات وتطبيقها.

4. **علاقة الكفايات بتفريد التعليم.**

إن علاقة الكفايات التعليم قوية جداً حيث يركز على الحاجات الفردية لكل فرد وهذا يحتاج إلى:

- إنفاق ومجهود كبيرين من قبل المسؤول سواءً في التدريب، أو التقييم للكفايات المطلوبة.

- وقت طويل حيث يتطلب تحديد الكفايات اللازمة وقتاً طويلاً.

- رغبة للتطوير الذاتي حيث إن ذلك يعتم على رغبة العامل للتطوير الذاتي؛ للحصول على الكفايات اللازمة وهذه الرغبة لا تتوفر بشكل كبير في كثير من العاملين وتحتاج إلى دفع وتشجيع.

5. **إن المجالات التي تحتاج إلى تحديد كفايات تحتاج إلى قوائم طويلة:**

لكي تغطي جميع جوانب هذا المجال الذي تتعامل معه مما يزيد من صعوبة تكامل هذه العناصر وإمكانية قياسها بشكل دقيق ومتكامل. (لون ووايلدي، 1999)

خصائص الكفايات:

أ. إن الكفاية نهائية لمرحلة معينة.

ب. أنها شاملة، ومدمجة، أو تقتضي اكتساب تعلم في المجالات التالية: المعرفي، الوجداني، الحسي – الحركي.

ج. أنها تتأثر بميل الفرد الطبيعي أو دوافعه.

(دايفز واليسون، 1997، ص46)

الفرق بين الكفاية والكفاءة:

إن الكفاءة تعني مقدرة النظام على المواءمة بين المدخلات والمخرجات والحصول على أفضل النتائج الممكنة بأقل التكاليف في حين أن الكفايـة تعنـي كفايـة الشيء كونه قادراً على الوفـاء بالالتزامـات. (العابد، 1419هـ ص 7)

يستخدم مفهوم الكفاءة بشكل واسع في بريطانيا في حين أن مفهوم الكفاية يستخدم بشكل كبير في الفكر الأمريكي. فالكفاءة ترتبط ارتباطاً وثيقاً بالمخرجات حسب أدنى المعايير المتعلقة، وأما الكفاية فترتبط بالمدخلات التي يقدمها الفرد للعمل أو الأداء الأفضل. (دايفز واليسون، 1997، ص 39)

كما يذكر العريني (العريني، 1424هـ ص 13) أن الكفاية تعني الاستغناء، وهو الحد الأدنى من الأداء أو الحد الذي نريده من الأداء، كقولك يكفي للطالب أن يأتي بالاختبار 70% من الدرجة لتكون كافية للنجاح أما الكفاءة في التعليم تقتضي الحد الأعلى من الأداء. ويتفق ذلك مع ما ذكره

(اباممي، 1415هـ، ص21) في أن الكفاية هي الحد الأدنى الذي ينبغي توفيره في شيء كشرط لقبوله.

إن مفهـوم الكفاية يرتبط بعناصـر أساسيـة في العمليـة التعليميـة: (أبو السميد، 1985م، ص 55)

أ. ارتباطها بأدوار ومهام الفرد.

ب. ارتباطها بالأداء الظاهر للفرد.

ج. ارتباطها بالمعلومات والمهارات والاتجاهات اللازمة لعمل الفرد.

د. ارتباطها بالنتائج التي يسعى الفرد إلى تحقيقها.

الفصل الرابع

التخطيط التربوي

التخطيط التربوي

إن من أهم متطلبات العصر الحديث تتمثل في التعليم الجيد الذي يجب أن يتسم بالنجاح والنفع للفرد والمجتمع معاً، ويوفر الأعمال ويزيد من الإنتاج وتحقق أهداف التنمية الشاملة. وفي سبيل تحقق ذلك فقد زاد الاهتمام بالتعليم في جميع الدول المتقدمة والنامية. بل إنه أصبح من أولى أولوياتها. فقد اعتبرته الدول المتقدمة وسيلتها؛ لتحقيق القوة، والسيطرة، والمحافظة على مكانتها، واستقرار أوضاعها الاقتصادية، والسياسية، والعسكرية، بالإضافة إلى النمو الاجتماعي. كما إن الدول النامية اعتبرته وسيلتها؛ لسد فجوتها بين التخلف والتقدم، وهو الوسيلة للاستثمار ورفع مستوى المعيشة لها. والخطاب السياسي في الوقت الحالي يكاد لا يخلو من ذكر التعليم وأهميته ومدى تأثيره. ولهذا فقد أضحى هذا المجال خصباً ومهماً للدراسة والتطوير. ومن أهم المجالات التي أصبحت محط أنظار الكثير في المجال التربوي هو التخطيط التربوي. حيث يعد التخطيط مفهوماً جديداً نسبياً ولم يستخدم بصورة شائعة في كتابات رجال الاقتصاد أو الاجتماع أو الإدارة أو التربية إلا منذ سنوات قليلة من النصف الثاني من القرن العشرين إلا في الدول الاشتراكية التي سبقت في اتخاذ التخطيط أسلوباً عاماً للتنمية الاقتصادية. (فهمي، 2000م، ص 17)

ويعتبر التخطيط الاختيار الأمثل لتحقيق أية تنمية في أي مجال. بل إن كلمة التخطيط التصقت بكلمة التنمية، ونالتا من الذيوع والانتشار، وكثرة التفاسير بشكل كبير جداً. (مكتب التربية، 1412هـ) ونتيجة لكثير من الدراسات البحثية والتطويرية التي شملت هذا المجال وأهميته، فقد أصبح له عدة أنواع،

وتعريفات لتحديد ماهيته، ويمكن إيراد تعريفاً يتميز بشيء من الشمولية.

ويعرف الجندي (الجندي، 2002، ص 131) التخطيط التربوي بأنه "مجموعة الأنشطة المرتبطة التي تحدد غايات محدودة للتنمية التعليمية لوقت معين محدود، وهذه الأنشطة تأخذ مكانها خلال عملية التخطيط للتنمية الشاملة خلال إطار من الإمكانات المحددة، بواسطة الموارد المالية، والاقتصادية، والبشرية، وخلال مجموعة من المعوقات، ويجب أن تؤخذ بالاعتبار أن التخطيط التعليمي والأهداف التعليمية لها صفة كمية وأخرى كيفية والتي يجب أن تكون قابلة للتحقيق وفقاً للموارد المالية والبشرية اللازمة لإتمام عملية التنفيذ".

إن وظيفة التخطيط تسبق كل الأنشطة والوظائف الأخرى، حيث يعتمد في تأسيسه على جانب كبير من التفكير؛ لتتم الإجابة عن تساؤلات من قبيل:

- ما الأهداف المراد تحقيقها؟

- هل هذا النشاط يساعد على تحقيق الأهداف المرجوة؟

- ما هو المطلوب لتنفيذه بالضبط؟

- كيف يتم ذلك؟

- من المسؤول عن ذلك؟

- من يساعده في التنفيذ؟

- ما هي معايير الأداء أو مؤشرات الانجاز فيه؟

- كيف يمكن التحقق من كفاءة التنفيذ؟

ولهذا فإن من المهم أن تدور في ذهن المسؤول كل هذه الأسئلة وأن تكون لها الأسبقية قبل تنفيذ العمل أو النشاط. والإجابة عن هذه الأسئلة تعني قطع شوط كبير في مجال التخطيط الجيد الذي يتميز بعدة مزايا منها:

1- يساعد على تحديد أولويات العمل.

2- يساعد العمل أو النشاط على التكيف مع أي تغيير طارئ سواءً كان هذا التغيير ايجابياً أم سلبياً.

3- يشجع على الابتكار والإبداع؛ وذلك عن طريق توسيع المشاركة.

4- يشجع على استخدام المنطق العلمي في التفكير والتصرف حيث يعتمد على جمع المعلومات، وتحليلها، وتصنيفها، واستخدام مختلف الأساليب في اتخاذ القرارات.

5- يرفع حماس العاملين، ودافعيتهم عن طريق إشراكهم في عملية التخطيط.

6- المفتاح إلى التطور والنجاح عن طريق توجيه الموارد والإمكانات بطريقة سليمة.

7- يقدم أساساً لتنظيم العمل عن طريق تحديد ما يجب عمله للوصول إلى الأهداف، وتحقيقها.

8- يساعد على تفويض السلطة.

9- يعد أساساً للمعلومات والاتصال، وذلك عن طريق توفير تبادل المعلومات.

10- يعد أساساً للرقابة. (ماهر، ص 28-30)

الأسباب التي لا تجعلنا نخطط:

1- الجهل بالتخطيط وعدم معرفة أهميته في الحياة فتجد بعض القرارات مبنية على إحساس فطري بتلبية حاجات إنسانية معينة يقول الأمريكي (ماسلو) أن حياة الإنسان مبنية على الاستجابة لمجموعة من الحاجات، وهي في الأهمية والترتيب كالتالي:

أ. الحاجات الفسيولوجية، طعام – جنس – نوم...

ب. الحاجة إلى الأمن.

ج. الحاجة إلى الحب، والانتماء.

د. الحاجة إلى الاحترام، والتقدير.

هـ. الحاجة إلى التعبير الكامل عن الذات.

ولا شك أن التخطيط جزء من الحاجات المقدمة في أعلى الهرم.

2- عدم معرفة كيفية التخطيط، وبشكل آخر عدم توفر المهارات اللازمة لمن يعمل في مجال التخطيط بالشكل الكافي.

3- عدم القناعة بالتخطيط والشعور بأنه مضيعة للوقت، وأنه عديم الفائدة، وقيود تضعها على نفسك، ومشكلة هؤلاء عدم نظرتهم المتوازنة للتخطيط، فهم أما يدخلون التخطيط بحماس مفرط أو بفتور مميت، فالحماس المفرط يؤدي بك إلى الإحباط، فعندما تضع الأهداف الكثيرة وتريد انجازها في وقت قصير، تجد نفسك غير قادر على تحقيقها، أما الفتور فيضع صاحبه أهداف جيدة ولكنه لا يتابع تحقيقها.

4- عدم توفر الطموح وعدم التطلع الحثيث للأفضل والقناعة بالوضع الحالي أو الحالة الراهنة، ومن يتهيب صعود الجبال يعش ابد الدهر بين الحفر. فهو دأب الشخصية الطموحة الفاعلة التي لا تقبل إلا بالأفضل.

5- الشعور بالضياع فهناك الملايين من البشر يعيشون في هذه الحياة بلا أهداف واضحة، وليس لهم اتجاه يضبط إيقاع تصرفاتهم، فتجدهم يدورون في حلقات مفرغة، ويقعون ضحايا للأهواء والمصالح الآنية، وعدم وضوح الرؤيا.

6- الاستسلام للأمور العاجلة، والغرق في تفاصيلها، وجعلها كل شيء في الحياة، وعدم التفريق بين المهم والاهم، وعندما نبني حياتنا على العمل من أجل المهم والاهم، نستطيع أن نخطط ونحقق ما نصبوا إليه، والجهد المصروف للأمور العاجلة والطارئة يجعلك دائماً تحت مبادرة الآخرين، وتحت أولوياتهم، فلا تكن حياتنا كلها استجابة للطوارئ ونسيان المهم والاهم.

7- الخوف من المجهول، والركون إلى المعلوم، فعملية التخطيط تحتاج إلى التخيل والتصور، واستشراف المستقبل وصورته، وما يجب أن يكون، والحقيقة أن التخطيط لا يخلو من عنصر المخاطرة، ولكن ليس هناك بديلاً عنه ذلك أن النجاح مرتبط بالخطوة التالية إلى الأمام، وإذا لم تأخذ هذه الخطوة بما فيها من غموض أحياناً فإنك لا تستطيع أن تتقدم في المسير. (الزهراني، www.altijari.gotevot.edu.sa)

تطور عملية التخطيط:

إن من إحدى العمليات التي اعتمد عليها التخطيط التربوي في السابق عملية تدعى العملية التخطيطية الفنية وفي هذه العملية يتم التعامل مع التربية كالتمرين التقني أو الفني فالأهداف الهامة ترسم حسب الاتجاهات السياسية التي تحدد من خارج النظام التعليمي ودور المخططين التربويين هو إتباع هذه الأهداف عند صياغة الاستراتيجيات، أو البرامج التي تحققها. وتسير العملية التخطيطية بطريقة بسيطة جداً بدءً من جمع المعلومات، وتحديد الأهداف التي عادة ما يكون متفق عليها سابقاً ومعروفة ولا تستند إلى تحليل واقعي مسبق على أساسه تتم تحديدها وفي ضوءها تعد الخطط التنفيذية. وعند إعداد الخطة فإن كل الجوانب المهمة واللازمة لا يتم النظر إليها بالشكل المطلوب، وإنما يحكم ذلك مدى ما توفر من بيانات خاصة بها. وتتعامل العملية التخطيطية هذه مع البيئة والظروف المحيطة كما لو كانت ثابتة لا تتغير خلال تنفيذ الخطة، وهذا سبب عدة صعوبات ومشاكل كونها تبعد الخطة عن الواقعية، وبالتالي ظهرت عدة محاولات تطويرية من بينها تلك التي وصلت إلى نوع من التخطيط يدعى التخطيط الفني العقلاني (المنطقي). وهذا النوع من العمليات التخطيطية هو الأكثر شيوعاً في العملية التعليمية بشكل عام، حيث يتبع عدة خطوات أكثر تعقيداً من الأسلوب السابق.

والناظر لهذا النوع من التخطيط، يجد أنه يتميز بنوع من المنطق والشمولية. وقد يناسب بعض الأنظمة التعليمية وخاصة تلك التي تعتمد على المركزية في إدارة شؤونها، وكذلك تلك الأنظمة التي تعاني من نقص الكوادر المؤهلة في مجال التخطيط. ويتناسب هذا النموذج أيضاً تلك الأنظمة ذات

الإمكانات والموارد المحدودة. ولهذا فنجد أن هذا النوع واسع الانتشار لدى كثيراً من الأنظمة التعليمية. وبالنظر إلى واقع العملية التعليمية نجد أن هناك عوامل عدة تزيد من الحاجة إلى وجود بديل أفضل يتميز بالحركة، والمرونة، والشمولية، ويمكن إيجاز هذه العوامل فيما يلي:

1- تغير الطلب:

في الماضي كان مستوى التغير في المجتمع قليل جداً وخاصة في المجالات الاقتصادية، والمالية، والاجتماعية لذا كانت عملية التغير بطيئة وكان الطلب على التعليم والحاجة إليه يسير بمستوى معين وثابت نوعاً ما. والتغير الذي يحصل له لا يمثل هاجساً يحتاج النظر إليه ونتج عن ذلك إن عملية التخطيط للتعليم يمكن تطبيقها بشكل سهل وأكثر أماناً، أما الوقت الحالي فإن الوضع التعليمي قد تغير مع تغير الأوضاع الاجتماعية كذلك. ويمكن ملاحظة ذلك في النقاط المهمة التالية:

1. لم يعد دور التربية كما في السابق كعمل روتيني يعتمد على تزويد المعرفة بشكل منفصل عما يحدث في البيئة الخارجية. ويتناسب هذا الأسلوب مع الدول التي تعتمد المركزية في عملها. أما الآن، فإن دور التربية هذا لم يعد مقتصراً على تزويد المعرفة، وإنما أصبح من الضروري أن تدخل في كثير من المجالات والقطاعات وان ترتبط بالبيئة الخارجية مما يستوجب مشاركة هذه القطاعات في العملية التربوية وأيضاً تكاملها مع بعضها بعضاً.
2. تنوع الحاجات الفردية التي يمكن للتربية أن تلعب دوراً في تلبيتها. وهذه الرغبات لها مختلف الأشكال كالاجتماعية مثل المساهمة في

توجيه المجتمع في كثير من الجوانب الاجتماعية سواءً سلباً أم إيجاباً، والاقتصادية كالحاجة لسد احتياجات سوق العمل، وتأهيل الخريجين لمجالات معينة، والثقافية كترسيخ بعض الجوانب الثقافية، وتبصير الطلاب بالثقافات الأخرى، والمذهبية كترسيخ مبدأ الحوار وقبول الآخر.

3. هناك نوع من الصراع بين دور المدرسة التقليدي الذي كان يركز على الهوية الوطنية وبين التوجهات العالمية، حيث إن المجتمع لم يعد بمقدوره أن يبقى منعزلاً عن البيئات المختلفة والمجتمعات الأخرى وذلك لتطور وسائل الاتصال والانفتاح على الآخرين.

وخلاصة القول، فإن دور التربية لم يعد محصوراً على تزويد الأطفال بالعلوم، ولكن أيضاً أصبح يركز على مختلف الجوانب الاجتماعية، والاقتصادية، والسياسية، في مختلف المجالات.

2- تغير مصادر التربية:

إن طبيعة تزويد التربية قد تغير خلال السنوات الماضية فلم يعد هناك جهة واحدة تتحكم بتزويد التربية، ويمكن ملاحظة ذلك من خلال:

1. لم يعد دور الدولة في التربية كالسابق، حيث كان كل نقص ينتج بقصور من الدولة يمكن معرفته بشكل سهل؛ لأنها المزود الوحيد للتربية. أما الوقت الحاضر فلم تعد الدولة (الجهة الرسمية) هي المزود الوحيد للتربية، ولم يعد بمقدورها تزويد جميع أنواع التربية وقد تعددت الجهات التي تزود التربية في مختلف المجالات.

2. إن القرار التربوي لم يعد مقتصراً على الجهة مزودة التربية، بل إن هناك عدة جهات لها تأثير قوي ي اتخاذ وتنفيذ هذا القرار، ويجب اخذ رأيها، والحصول على مشاركتها بشكل فاعل.

3. تزايد مشاركة القطاع الخاص في تزويد التربية.

4. كثرة الأزمات، والتغيرات الاقتصادية تؤكد ضرورة وجود طريقة فاعلة للتخطيط للوصول إلى قطاع تربوي منتج.

5. توسع المعرفة التي قدمت عدة بدائل في التربية مثل الانترنت الحاسب الآلي وسائل الإعلام... الخ.

3- **التغيرات الجذرية في بنية التخطيط:**

لم يعد التخطيط يعتمد فقط على الأساسيات التي كانت في الماضي تساعده في لعب دور التنفيذ، والتوجيه، والتحكم بغض النظر عن العوامل المؤثرة في الخطة والبيئات وتأثيرها في تنفيذ الخطة والتحكم في مسيرتها. (كايو، 1989) ويتضح ذلك في أنواع التخطيط التي تظهر من وقت لآخر نظراً لتغير البيئات والظروف المحيطة بالمنظمة التي تعتمد المنهجية التخطيطية في أعمالها.

4- **الإغفال:**

إن كثيراً من الخطط يتم إعدادها في السابق بغض النظر عن التغيرات التي يمكن أن تحدث خلال تنفيذها وهذا لعب دوراً كبيراً في فشل كبير من هذه الخطط كما سبب هذا الإغفال كثيراً من القيود عند تنفيذ الخطط. ولهذا فمن الواجب على المخططين أن يتكيفوا مع الإغفال هذه التغيرات وان يعدوا خططاً بديلة، أو بدائل واستراتيجيات يمكن الاستعانة بها عند الحاجة، كما

يحتاجون إلى نوع من المرونة والسرعة، والتي غالباً لا تناسب الأنظمة البيروقراطية الكبيرة، كما يحدث في مجال الإدارة التربوية على سبيل المثال. وهذه الميزة لا توجد في كثير من أنواع التخطيط التقليدية والقديمة.

5- الحاجة إلى المشاركة:

إن الأنظمة التربوية لم تعد الوحيدة المسؤولة عن تزويد التربية في الوقت الحالي. فالتغيرات الاقتصادية، والسياسية، والاجتماعية، وسرعتها أصبح المجتمع أكثر وعياً واهتماماً بمجال التربية، وأصبحت المنظمات والجهات الأخرى التي تتأثر بالتربية تطالب بالمشاركة في تزويد التربية والتأثير على خططها، وسوق العمل مثلاً أصبح من الضروري مشاركته في الخطط التربوية، حيث إنه يعتمد أساساً على مخرجات التعليم في تلبية احتياجاته، وكذلك الوالدين يحتاجون إلى المشاركة؛ نتيجة لزيادة الوعي لديهم وحرصهم على متابعة أبناءهم، لتحقيق الأفضل، ولهذا فإن المشاركة لكل من يؤثر على العملية التعليمية بشكل مباشر أو غير مباشر مهمة جداً، وهذا بدوره يساعد على نجاح الخطط وانجازها بأقل جهد ومال وبأفضل نتائج.

مما سبق ظهرت الحاجة لوجود نوع من التخطيط يسد هذه الحاجات، وضمن وجود مخرج تعليمي يرقى إلى المستوى المأمول من قبل المجتمع، ومن قبل المسؤول. ولهذا فإن من أفضل أنواع التخطيط الحالية والذي يمكن أن يحقق ذلك التخطيط الاستراتيجي حيث يتميز بالمرونة والشمولية، وهذا هو السبب الذي جعل الباحث يعتمد على منهجية هذا النوع من التخطيط في تحديده للكفايات التخطيطية اللازمة لمديري التربية والتعليم في المملكة الاردنية الهاشمية.

تاريخ التخطيط الاستراتيجي:

ولد التخطيط الاستراتيجي في الخمسينات. ورغم هذه المدة الطويلة فإن النمو الأساسي لهذا النوع من التخطيط كان في الفترة بين الستينيات والسبعينيات حيث بدأت الشركات الكبرى والأجهزة الحكومية الضخمة تصارع المشكلات التي تنشأ عن طريق إدارة مختلف الأقسام والوحدات. بالإضافة إلى ذلك، فإن التخطيط الاستراتيجي قدم طريقة دقيقة تخرج عن الأفق الزمني المتعلق بالالتزام بفترة التخطيط لميزانية السنة المالية الواحدة. وخلال فترة نمو هذا النوع من التخطيط، كان التركيز في هذا النوع ينصب على توجيه الانتباه لتنفيذ الإستراتيجية بالإضافة إلى صياغتها.

وفي أواخر الثمانينات وبداية التسعينات بدأ التركيز على التخطيط الاستراتيجي بشكل أكثر عمقاً. فقد ظهرت العديد من الدراسات والبحوث التي تبين مدى نجاح أو فشل هذا النوع من التخطيط، إن للتخطيط الاستراتيجي دوراً كبيراً في تقدم المنظمة من خلال القيادة القوية الملتزمة مع التطوير المستمر في المنظمة، كما إن له قوة معتبرة في تعزيز القيمة الحقيقية للمنظمة من خلال التفكير الاستراتيجي، وتحسين اتخاذ القرار، والاستجابة القوية للمنظمة، والأداء الأفضل، وتعزيز طريقة عمل الفريق الواحد في مختلف القطاعات، والأقسام في المنظمة. (هند، 1999، ص 183)

مفهوم التخطيط الاستراتيجي:

يعد مفهوم التخطيط الاستراتيجي من المفاهيم التي شاع تداولها وتنامي الاهتمام بها في منظومات العمل المتطورة، ولاسيما الحديثة منها، والتي فرضت نفسها في ظل أوضاع تنافسية شديدة، ومن المؤكد أن البقاء في النهاية

للمنظومات الأقوى والأصلح، والتي تساير وتواكب ما يستجد من مفاهيم، وأساليب تتطور بتطور الزمان، وتنوع المنتجات، وتغير في الأنماط الاستهلاكية والخدمية. التخطيط الاستراتيجي ليس من الأمور التي طرأت حديثاً، ولكن الأسلوب وتطوير مفهوم التخطيط الاستراتيجي هو الذي تغير ليتماشي مع ما تتطلبه مستلزمات العمل الذي يستند إلى أسس متينة وواضحة، إضافة إلى أن التطلعات المستقبلية وطبيعتها اختلفت عما كانت عليه في المفهوم التقليدي الذي يضع الخطة ويلتزم بها بغض النظر عما يحدث من تغيرات محيطة أو أن يكون تسيير العمل وفق المعطيات الآنية، غير أن المفهوم الواسع والشامل للتخطيط الاستراتيجي فرض نفسه على منظوما العمل، والمنشآت في واقعنا المعاصر، وأصبح من المستلزمات التي تنير الطريق لتلك المنشأة ومنظومات العمل كونه مفهوماً ديناميكياً تتحتم فرضيته لأسباب كثيرة يمكن ذكر بعضها على سبيل المثال لا الحصر كعامل المنافسة وعامل زيادة الربحية، إضافة إلى أن الظروف المحيطة أصبحت متسارعة في التغيير مما يتطلب رصدها في سبيل مواكبتها. ويعتبر مفهوم التخطيط الاستراتيجي من أهم المفاهيم الإدارية التي لاقت استحساناً وانتشاراً في السنوات الأخيرة، فهذا المفهوم يسعى للإجابة عن سؤالين أساسيين: ما هو وضع المنشأة الحالي؟ وكيف يراد لها أن تصبح في المستقبل؟ والتخطيط الاستراتيجي يعد اكبر من مجرد محاولة توقعات المستقبل حيث يتعدى ذلك إلى الاقتناع بأن صورة المستقبل يمكن التأثير عليها وتغييرها، وذلك بوضع أهدافا وغايات واضحة والعمل على تحقيقها في إطار فترة زمنية محددة (السعيد وآخرون، 1422هـ ص 50).

ترجع كلمة استراتيجي في أصولها إلى اللغة الإغريقية، حيث تعني (جنرال، جيش، قيادة) أما الفعل من كلمة (استراتيجي) فيعني القيام بعملية التخطيط. (الزهراني، 1416هـ ص 13) وكما هو واضح فإن الكلمة هذه تتركز في المجال الحربي، إلا أنه في الوقت الحاضر بدأ استخدام هذا المفهوم ينتشر في جميع المجالات ومن ضمنها التربية.

وهناك عدة تعريفات للتخطيط الاستراتيجي بناء على التوجه الذي تتبعه المنظمة التي تمارسه. والتعريفات التالية تبرز أهم ما يتميز به هذا النوع من التخطيط.

يعرف كوفمان التخطيط الاستراتيجي بأنه خيار يعتمد على النظرة المستقبلية ويسعى إلى إبداع مستقبل أفضل بتشجيع الشركاء في التربية في الانضمام لبعضهم في تحديد، وانجاز النتائج والمساهمات المهمة، كما يمكن له أن يساعد في التحرك بشكل منتظم تجاه تحديد وخلق عالم أفضل.

كما يعرفه باري (باري 1997): بأنه عملية تحديد ما تسعى إليه منظمتك وكيف توجهها وتوجه الموارد تجاه تحقيق الأهداف خلال الأشهر والسنوات القادمة.

ويعرفه الحوت (1994) بأنه تحديد الأهداف العامة الطويلة والأهداف التفصيلية (الفرعية) للنظام التربوي، وهي تبنى المنهج العلمي وتوزيع الموارد الضرورية؛ لتحقيق هذه الأهداف ويعرف أيضاً بتحليل التوجهات والأحداث المستقبلية ذات العلاقة بالمنظمة، وفرص سوق العمل المتغير.

كما يعرف الحبيب (1995، ص 25) التخطيط الاستراتيجي بأنه "عملية قوامها التجديد والتحويل التنظيمي. وهذه العملية من شأنها توفير الوسائل

اللازمة والمناسبة لتكييف الخدمات والأنظمة مع الظروف البيئية المتغيرة والظروف البيئية التي تخضع للتغيير، ويوفر التخطيط الاستراتيجي إطاراً لتحسين ووضع البرامج والإدارة والعلاقات التعاونية وتقييم تقديم التنظيم".

من خلال ما سبق من تعريفات، يمكن إبراز عدة نقاط مهمة في التخطيط الاستراتيجي:

1. تأثير المستقبل على القرارات الحالية؛ أي عند اتخاذ أي قرار فإنه من الضروري الأخذ بعين الاعتبار الفرص المستقبلية والتغيرات.

2. الاستمرارية في التخطيط الاستراتيجي فنجده يبدأ بشكل أساس بتحديد الأهداف، ثم الاستراتيجيات، والسياسات؛ لتحقيق هذه الأهداف، ثم الأهداف التفصيلية؛ لتحقيق النتائج النهائية ومن خلال ذلك فإن هناك سلسلة من الخطط تواجه التغيرات والظروف ولهذا فإن التخطيط هنا يجب أن يستمر للتكيف مع المتغيرات.

3. التخطيط الاستراتيجي فلسفة إدارية.

4. التخطيط الاستراتيجي عملية شاملة، حيث يربط التخطيط الاستراتيجي بين الاستراتيجيات، التي تركز على الطريق الذي ستسلكه المنظمة في تحقيقها لأهدافها، والخطط التشغيلية، التي تتميز بالجانب العملي الدقيق.

مميزات التخطيط الاستراتيجي:

يذكر الحملاوي (1993، ص 42-44) أهم ما يميز التخطيط الاستراتيجي فيما يأتي:

أ. اضطلاع الإدارات العليا بمهامها ومسؤولياتها:

إن التخطيط الاستراتيجي يفرض على القيادات العليا أن يكون لها مشاركة قوية في عملياته حيث إن هذه القيادات هي التي تهندس للمستقبل، ولا يمكن تفعيل هذا النوع من التخطيط بدون مشاركة القيادات العليا فيه

ب. توجه عدة أسئلة مهمة لتحقيق الأفضل: كما يذكر نيل وموكوينا (1999، ص 26-27) وتتمثل هذه الأسئلة في الآتي:

1. أين نحن الآن؟

وذلك لتحديد الواقع التربوي وهذه من أهم خطوات التخطيط الاستراتيجي والتي على أساسها وعلى أساس نتائجها يتحدد ما يليه.

2. ما مدى جودة ما نقدمه الآن؟

لتبين إلى أي مدى تعمل المنظمة التربوية بالشكل الصحيح، وينتج عن ذلك معرفة جوانب القصور التي يجب أن تؤخذ بعين الاعتبار عند عملية التخطيط.

3. ما هي اعتباراتنا المستقبلية؟

فالمستقبل في التخطيط الاستراتيجي جزء أساسي يميزه عن كثير من أنواع التخطيط الأخرى التي تتعامل مع الحاضر والماضي بشكل اكبر من تركيزها على المستقبل.

والإجابة عن هذا السؤال تؤدي إلى تحديد ما يريده المخططون في المستقبل.

4. أين نريد أن نكون في المستقبل، ولماذا؟

وذلك لتحديد المستقبل المأمول للمنظمة والذي يعتمد عليه تحديد الأهداف الخطط الملائمة التي ستحقق ذلك، وتبرير هذه الرغبة لهذا المستقبل.

5. ما هي مختلف الخطط التي لدينا للوصول هناك؟

وهذا يساعد على تحديد أفضل الخطط للوصول إلى المستقبل المرغوب، وذلك عن طريق اختبار جدوى كل خطة.

6. ما هي التكاليف والفوائد؟

والإجابة عن هذا السؤال سوف تساعد في تحديد التكاليف المستقبلية التي تحتاجها هذه الخطط، والفوائد التي يمكن اكتسابها وهل هذه الفوائد تستحق هذه التكاليف.

7. كيف يمكن أن نغير طريقتنا الحالية في الأداء بشكل أفضل، وأيضاً لمستقبل أفضل؟ وهذا يعني البدء بإصلاح الوضع الحالي سعياً للوصول إلى المستقبل المأمول.

8. أين ستأخذنا خياراتنا؟

فقبل تحديد ما الذي يمكن أن يحقق يجب أن نعرف أين نحن متجهين بناءً على الخيارات المتاحة.

9. هل لدينا السعة (القدرة في الموارد) لأداء هذا العمل؟

10. كيف سنراقب ونحكم بالخطط؟

11. كيف ومتى سنعيد تفعيل الخطط؟

لتحديد الطريقة والآلية التي ستدار وتوجه وتراقب بها الخطط، وذلك لاستمرار النجاح في التخطيط، ولتجنب نقاط الضعف؛ ولكون التخطيط الاستراتيجي يتميز بالاستمرارية.

ج. القدرة على تقديم مجموعة جديدة من أدوات اتخاذ القرار:

إن التخطيط الاستراتيجي يساعد على تقديم عدة أدوات تساعد على اتخاذ القرار مثل:

1. التربية والتغيرات المستقبلية:

إن من أهم ما يميز التخطيط الاستراتيجي هو تركيزه على التغيرات المستقبلية حيث يساعد متخذي القرار لأخذ التغيرات المستقبلية بعين الاعتبار عند اتخاذ أي قرار.

2. تفعيل الأنظمة الفرعية:

التخطيط الاستراتيجي يتعامل مع النظام ككل متكامل يتكون من أنظمة فرعية تعمل مع بعضها البعض؛ لتحقيق الأهداف الرئيسية. ولهذا فكل نظام سواءً أساسي أم فرعي يجب أن تتم مشاركته وتفعيله في كل العمليات.

3. المشاركة في تحديد الأهداف:

إن كل عضو في المنظمة يجب أن يكون له نوع من المشاركة في تحديد الأهداف، وهذا يولد الالتزام والحماس لدى الجميع؛ للوصول إلى هذه الأهداف كونها تنبع منهم.

4. اكتشاف وتحليل الفرص والمتغيرات المستقبلية:

إن مراجعة الوضع الراهن يبين ما هي الفرص المتاحة، وما هي التحديات المستقبلية التي سيواجهها النظام التربوي.

5. قياس الأداء والانجاز:

إن وجود خطة إستراتيجية شاملة يؤكد ضرورة وجود أسس لقياس الأداء ومعايير لمعرفة الانجازات.

6. وجود فوائد سلوكية كثيرة:

إن الأخذ بمنهجية التخطيط الاستراتيجي يحقق عدة فوائد سلوكية يذكرها الحملاوي (1993، ص 47-48) في التالي:

1. قنوات الاتصال:

بعد التخطيط الاستراتيجي كشبكة اتصال بين مختلف أجزاء المؤسسة التربوية في مختلف المستويات، بداية من تحديد الأهداف، والاستراتيجيات، وخطط العمل حتى تنفيذ الخطط.

2. تدريب إداري:

إن التخطيط الاستراتيجي يلعب دوراً أساسياً في التدريب الإداري، خاصة للسلطات العليا في المنظمة.

3. نشر روح المشاركة:

تفعيل المشاركة يحفز كل المشاركين على أداء الأفضل لتحقيق الأهداف المرجوة فبمشاركتهم يصبح العمل لا يمثل فئة معينة دون الأخرى،

بل يمثل الجميع وتصبح درجة الانتماء لهذا العمل مرتفعة جداً مما ينمي المسؤولية لديهم.

إن أهم ما يميز التخطيط الاستراتيجي عن غيره، يمكن إيجازه في التالي:

أ. تأثير المستقبل:

إن من المسلم به في التخطيط الاستراتيجي أن ما يتم عمله اليوم يمكن أن يساعد في تحديد شكل المستقبل وكيف الغد.

ب. توقع المستقبل بأحداث اليوم:

إن كثيراً من الأحداث الحالية تنؤ عن المستقبل، ولهذا فقراءة المستقبل واستقراء الأحداث من الوضع الراهن يمكن أن يعطي عدداً من البدائل المستقبلية أو المشاهد (السيناريوهات) المستقبلية التي تبين ما سيكون عليه الوضع في المستقبل.

ج. قرارات اليوم تساعد في إدراك الأفضل للمشهد المستقبلي:

إن القرارات المتخذة حالياً والخطط تساعد المخططين في استغلال الفرص المستقبلية وتجنب العثرات المتعلقة بالمستقبل المرجو.

الجدول التالي يقارن بين التخطيط الاستراتيجي وأنواع التخطيط الأخرى. (الحوت، 1994، ص 48)

جدول (1)
مقارنة بين التخطيط الاستراتيجي والأنواع الأخرى من التخطيط

التخطيط الاستراتيجي	الأنواع الأخرى من التخطيط
يركز على البيئة	تركز على المنظمة
مندفع إلى التغيير	التركيز على السكون البقاء على نفس الوضع
توجهه رؤية	يتبع برنامج أو مخطط
استقرائي وشامل	استنتاجي وتحليلي
يعتمد على المبادرة	يعتمد على ردة الفعل
التركيز على أداء الأفضل يركز على أداء العمل الصحيح	التركيز على أفضل الأداء تركز على الأداء الصحيح للعمل
فن	علوم
منفتح وذو تركيز خارجي	منغلق وذو تركيز داخلي
يتوقع التغيرات المستقبلية (يستبق الأحداث) والتصور المستقبلي.	يستقرى من الماضي
القرارات الحالية تعتمد على المنظور الحالي المستقبلي.	القرارات الحالية تعتمد على المنظور الحالي
الالتزام والعمل حتى لو حصل غموض أو مشكلة.	التعطيل بوجود أي غموض أو مشكلة.
يركز على الإبداع والابتكار	يركز على التجريب والاختبار.
بيئة المنظمة ومحيطها هي التي تحدد الاستراتيجيات والخيارات والتوجيه.	نقاط الضعف والقوة هي التي تحدد الاستراتيجيات والخيارات والتوجيه
يركز على الآراء والبديهة أو الحدس والجوانب النوعية.	يركز على الحقائق والجوانب الكمية.
التوجه نحو الفاعلية (effectiveness)	التوجه نحو الكفاءة (Sufficiency)
تكامل الصورة بقرارات متصلة مع بعضها ومتكاملة.	تتخذ القرارات ثم يتم تحقيقها

ويتركز الفرق الأساس بين التخطيط الاستراتيجي والأنواع الأخرى من التخطيط في فهم الفرق بين هاذين السؤالين:

- هل ننظر إلى المستقبل لكي نتنبأ به ونتكيف مع هذا التنبؤ؟

- أم هل ننظر إلى المستقبل لكي نبنيه ونشكله بأنفسنا؟

إن وجهة النظر الأولى تعكس رغبة المديرين في النظر إلى المستقبل والتخطيط له. ويتطلب ذلك التنبؤ بما قد يحدث في المستقبل، وما قد يطرأ على الظروف المؤثرة على المنظمة من تغييرات، وذلك لكي تقوم المنظمة بالتكيف والتواؤم مع هذه التغييرات. أما وجهة النظر الثانية، فتعكس رغبة المديرين في التنبؤ بأهداف المنظمة، وفي تحديد دورها في المجتمع، وفي رؤية طبيعة علاقتها بجميع الأطراف المتعاملة مع المنظمة، وبناءً على ذلك يحدد المديرون التحركات الفورية لمسار المنظمة وطريقة استخدام الموارد، والعمليات التشغيلية، والإجراءات الملائمة؛ لتحقيق ذلك المستقبل من خلال التخطيط الاستراتيجي. (العارف، 2003، ص7)

ولعل من الجدير ذكره هنا توضيح أن هناك ما يقارن بين التخطيط الاستراتيجي وبين الأنواع الآخر من التخطيط بغض النظر عن الجانب الذي يتعلق بنوع التخطيط المقارن. كما يقارن بين التخطيط الاستراتيجي والتخطيط متوسط لو قصير المدى، أو التخطيط الاستراتيجي والتخطيط التعليمي. ويرى الباحث أن التخطيط يعتمد تقسيمه وتحديد نوعه وفقاً للمجال الذي صنف على أساسه، حيث يمكن تقسيم المجالات الأساسية التي أساسها يصنف التخطيط فيما يلي:

أ. أنواع التخطيط وفقاً للمدى الزمني مثل:

1. التخطيط قصير المدى الذي يعامل في الغالب مع فترة سنة واحدة، ويولي اهتماماً كبيراً لتفاصيل السياسات، وخاصة السياسات الاقتصادية والمالية. (طاهر، 1996م، 2 :36)

2. التخطيط متوسط المدى الذي يختص بفترة تتراوح بين خمس وسبع سنوات، ويهتم بقضايا الاتساق بين المتغيرات وحزم السياسات. كما يتناول بنوع من التفصيل مسارات القطاعات والعلاقات فيما بينها. (المرجع السابق، ص36)

3. التخطيط طويل المدى الذي يختص بفترة قد تصل إلى عشر سنوات المدى البعيد. (المرجع السابق، ص37)

ب. كما يمكن تقسيم أنواع التخطيط وفقاً للميدان الذي يطبق به مثل:

1. التخطيط التربوي الذي يتميز بأنه عملية تربوية علمية منظمة تهدف؛ لأحداث تغير في بناء الإنسان، وتنميته، وتفعيل أدواره الاجتماعية، والاقتصادية، من خلال توجيه التعليم ومؤسساته وموارده نحو أهداف مستقبلية مقصودة تحقق احتياجات الأفراد والمجتمع بأقل تكلفة، وبأعلى نسبة من الجودة في اقصر وقت. (المنصور، 1420، ص2)

2. التخطيط الاقتصادي الذي يركز على مجال الاقتصاد.

3. التخطيط السياسي الذي يهتم بالجانب السياسي في الدولة، والعلاقات الخارجية.

4. التخطيط الاجتماعي الذي يهتم بالجوانب المتعلقة بالمجتمع وما يهمه، ويوجهه إلى الأفضل.

5. تخطيط القوى العاملة الذي يركز على العمليات التحليلية والتنظيمية والرامية إلى التأثير على الخصائص الهيكلية للقوى العاملة في البلد (السعيد وآخرون، 1422، ص 53)

6. التخطيط البيئي الذي يهتم بتحقيق استغلال متوازن للعناصر البيئة دون إحداث خلل في البيئة. (طاهر، 1996م، ص 266)

ج. ويمكن تقسيم أنواع التخطيط التربوي وفقاً للمنهجية المتبعة مثل:

1. التخطيط الفني الذي يركز على التعامل مع المجال الذي يتعلق به كالتمرين التقني أو الفني فالأهداف الهامة ترسم حسب الاتجاهات السياسية التي تحدد من خارج النظام، ودور المخططين هو إتباع هذه الأهداف عند صياغة الاستراتيجيات أو البرامج التي تحقيقها. (IIEP, 1999)

2. التخطيط المنطقي - العقلاني الذي يتبع عدة خطوات تبدأ من جمع المعلومات، ومعالجتها، وينتهي بعملية التقويم. (المرجع السابق)

3. التخطيط التأشيري الذي يركز على توجيه السياسات الاقتصادية (المالية والنقدية، والتجارية، وسياسات سوق العمل) نحو تهيئة المناخ الاستثماري الملائم، وتوفير الفرص الاستثمارية المجزية للقطاع الخاص، وتحفيزه على المساهمة في تحقيق الأهداف العامة للخطة، إضافة إلى مراجعة الأنظمة، واللوائح ذات العلاقة؛ من أجل تبسيط الإجراءات للعمل بحرية

ومرونة. (وزارة التخطيط، 2006، ص50) ويسميه محمد (2000) التخطيط الوظيفي أو التوجيهي حيث يقصد به إعداد الخطط وتنفيذها ضمن الهيكل الاقتصادي والاجتماعي القائم في المجتمع والإبقاء عليه مكتفياً بأحداث التغيير في الوظائف التي يؤديها النظام أخذاً بمبدأ التطور البطيء والإصلاح التدريجي. ويتحدد دور الدولة في هذا النوع من التخطيط في تشجيع القطاع الخاص بإزالة المعوقات أو تقديم الحوافز في تحقيق أهداف التخطيط دون أن يتطلب ذلك تغيير سياساته وأحداث تغيرات جذرية فيه، وكل ما يستهدفه في الأخير من تحسين أوضاع المجتمع ورفع كفاية الإنتاج.

4. التخطيط البنائي: ويطلق عليه أحياناً التخطيط الهيكلي أو التركيب التركيبي، ويقصد به اتخاذ مجموعة من القرارات والإجراءات والسياسات التي تهدف إلى تغييرات عميقة بعيدة المدى في التركيب الاقتصادي والاجتماعي للدولة وإقامة هيكل جديد مغاير للسابق بأوضاع ونظم جديدة يسير عليها المجتمع والدولة. (محمد، 2000، ص 131)

5. التخطيط الاستراتيجي الذي يعرف بأنه "عملية تتصور بها المنظمة مستقبلها فتضع الإجراءات والعمليات الضرورية لبلوغ ذلك المستقبل. وتوفر هذه الرؤية المستقبلية لحالة المنظمة معرفة الاتجاه الذي يجب أن توجه إليه الجهود، لتحقيق الأهداف". (السعيد وآخرون، 2002، ص50)

كما إن هناك تقسيمات أخرى للتخطيط وفقاً لعدة مجالات كمستوى السلطة مثل التخطيط المركزي والتخطيط غير المركزي، والتخطيط الإلزامي، ووفقاً لنطاق المسؤولية كالتخطيط القطاعي أو التخطيط الجزئي، والتخطيط الشامل، والتخطيط الإقليمي... الخ. وخلاصة القول أنه يمكن عمل أي مقارنة بين أنواع التخطيط في مجال محدد، ولا يمكن عمل مقارنة بين نوع من أنواع التخطيط في مجال ونوع آخر في مجال آخر لأنه بالإمكان أن تجمع مع بعضها في وقت واحد كالتخطيط التربوي الاستراتيجي الذي يتميز بأنه طويل المدى على سبيل المثال.

أما من ناحية النظام الذي يمكن أتباعه في إعداد التخطيط الاستراتيجي، فليس هناك نظام معين يمكن لكل المنظمات أن تتبعه في إعداده، بل لكل نظام طريقة تناسبه في إتباع هذا النوع من التخطيط، وما يجب على المنظمة أن تأخذه بعين الاعتبار هو أن التخطيط يغطي فترة كافية لعمل تغيرات ملموسة في توجه النظام التربوي، ويجب أن لا تكون طويلة بالشكل الذي توفر فيه بطلان العمل.

ويذكر العدلوني فائدة التخطيط الاستراتيجي فيما يلي:

1. التخطيط الاستراتيجي يساعد المنظمة على تحديد رؤيتها المستقبلية، والإجابة عن السؤال الاستراتيجي إلى أين نحن ذاهبون. وتحديد الصورة النهائية، أو المستقبلية للمنظمة أمر في غاية الأهمية، فهو يساعد جميع العاملين والمستفيدين من المنظمة على معرفة ما تصبو لتحقيقه المنظمة، وبالتالي معرفة الأدوار المتوقعة منهم؛ لتحقيق هذه الصورة أو تحقيق هذا الحلم. وبطبيعة الحال، لا

يمكن لمنظمة ما تحقيق أحلامها وطموحاتها بمعزل عن واقعها، فالواقع هو نقطة الانطلاقة، والحلم هو نقطة الوصول. وتحليل الواقع، ومعرفة ايجابياته وسلبياته، أمر في غاية الأهمية في طريق الوصول للحلم.

2. التخطيط الاستراتيجي يوجد علاقة منطقية ومنهجية بين الغايات، والأهداف الكلية، وبين الخطط التنفيذية التفصيلية.

3. التخطيط الاستراتيجي يساعد على تحديد اتجاه ومسار المنظمة، فبدلاً من إتباع سياسة "طبق اليوم" كما يحدث في المطاعم، نجد أن التخطيط الاستراتيجي يساعد المنظمة على تبني مسارات إستراتيجية مرتبطة برؤيتها المستقبلية، ومستندة لأهدافها الإستراتيجية، وملتزمة بخططها التنفيذية.

4. التخطيط الاستراتيجي يلغي النجومية الفردية، ويتبنى بالضرورة النجومية الجماعية، ويرفع شعار (نسبح أو نغرق جميعاً)؛ لأنه من أبجديات التخطيط الاستراتيجي العمل الجماعي لجميع الشركاء في المنظمة، فالكل مسؤول والكل له دور معين في بناء الإستراتيجية، فالإستراتيجية مسؤولية الجميع وهي غير مرتبطة بشخص معين، أو مستويات وظيفية معينة، وإنما هي عمل مؤسسي لخدمة المؤسسة يشارك في بنائها الجميع.

5. التخطيط الاستراتيجي يساعد المنظمة على معرفة البيت من الداخل بايجابياته وسلبياته، ومعرفة الوضع الخارجي، سواءً المجتمع

المحيط أو سوق العمل، أو المنافسون، وبذلك يمكن للمنظمة الموازنة بين التركيز على البناء الداخلي والخارجي للمنظمة.

6. التخطيط الاستراتيجي يساعد على الاستعداد للمستقبل، ومحاولة تشكيله، بدلاً من الانتظار والتأثر به دون حراك. وهذه تعد من أصعب العمليات، وهي اتخاذ قرارات في الحاضر تساعدنا على التعامل مع المستقبل.

7. التخطيط الاستراتيجي يساعد المنظمة على الاستفادة من خبراتها التراكمية، عبر السنوات واستخلاص أهم النتائج الايجابية والسلبية، واستيعاب الحاضر بمعطياته ومتغيراته، وتوظيف ذلك لاستشراف المستقبل بالوسائل العلمية المنهجية.

8. التخطيط الاستراتيجي يساعد المنظمة على التفكير الايجابي، وذلك بالنظر للمشكلات كتحديات، وللموارد المتوفرة والمطلوبة كمعطيات، ومن ثم التوظيف والاستخدام الأمثل لها؛ لتحقيق الأهداف المطلوبة.

9. التخطيط الاستراتيجي يساعد على تحديد الأولويات، وفق احتياجات الأفراد، والمنظمة، والمجتمع المحيط، وسوق العمل، فتحديد الأولويات يجب أن يتم بطريقة علمية منهجية متوازنة لتحقيق أفضل نتائج ممكنة.

10. التخطيط الاستراتيجي يساعد المنظمة وقيادتها على التفكير في عملية التطوير، كعملية مستمرة وليست ظرفية أو آنية وأن تكون مبادرة ولا تعتمد على ردة الفعل لخسارة معينة ومشكلة كبيرة.

فعملية التطوير يجب أن تكون هماً متواصلاً تسعى من خلاله المنظمة إلى الجودة والتحسين المستمر.(الحر، 2003، ص 16-18)

أسباب الحاجة إلى تطبيق التخطيط الاستراتيجي في التربية:

إن من أهم ما يميز التخطيط الاستراتيجي هو ربه ما بين البيئة التربوية أو المنظمة التربوية، والبيئة المحيطة بها بشكل يضمن النجاح في أداء المهمة المنوطة بهذا النظام ويحقق أهدافه. ولضمان نجاح عملية التخطيط التربوي يجب أن يكون هناك تحليلاً للبيئة الخارجية وتقييماً لها في سبيل تحديد المتغيرات الحالية، والمتغيرات المستقبلية، في مختلف المجالات الاجتماعية، والاقتصادية، والسياسية، والتقنية. وبالإضافة إلى ذلك، فإن معرفة البيئة تتطلب وعياً لمختلف الطرق الحديثة التي تلبي حاجات سوق العمل، وأيضاً الطرق التي تبين الجدوى من المهمة التي يؤديها النظام التربوي، وأدواته، وبرامجه. عن عناصر الكفاية والكفاءة التي تؤدي إلى نجاح مهمة النظام التربوي يجب أن يتم تحديدها أيضاً.

كما يعتبر التخطيط الاستراتيجي وسيلة مهمة في تحديد وصياغة التوجهات والقضايا الإستراتيجية الأساسية للنظام التربوي. حيث تمثل هذه الخطوة الأولى والأساس للعمل الإداري.

يساعد التخطيط الاستراتيجي في زيادة مستوى الوعي في تغير الأحوال البيئية وتأسيس طريقة فريدة في التفكير، وهذا يأخذ بعين الاعتبار مهمة النظام التربوي، وقدراته، والفرص المتاحة في البيئة المحيطة. كما إن التخطيط الاستراتيجي يحافظ على حركة النظام واستمرار يته ويساعده في أن يكون مستعداً لأي تغيرات مستقبلية مفاجئة.

ويعد التخطيط الاستراتيجي عملية شاملة تركز على توفير الوقت والتكامل في مختلف المستويات التنظيمية وبين مختلف المهام. كما إن له أعظم الأثر في حل كثير من المشكلات الداخلية اليومية، التي قد تحدث خلال العمل بشكل سريع وبترتيب، فهو يركز بشكل كبير على المشكلات المستقبلية الحرجة منها ويعطي البدائل الإستراتيجية خلال تنفيذ الخطط مما يجعل من السهل إيجاد الحلول بشكل مرتب، ولا تحتاج إلى وقت طويل؛ لإيجاد حلول وعمل إجراءات. بالإضافة إلى ذلك فإنه يضيف ميزة أخرى وهي التقييم المستمر للخطة خلال التنفيذ. وتؤكد الخثيلة (2000، ص 82) أن الدول التي تعتمد التخطيط الاستراتيجي في نظمها التعليمية في ضوء فلسفتها، وقيمها، واحتياجاتها، اقل تضرراً من حيث الصراعات ومشكلات الهدر في مواردها، وفي المقابل فإن الدول التي يم تأخذ بمبادئ وأسس التخطيط الاستراتيجي لا تزال تعاني من تلك المضار.

التخطيط الاستراتيجي ينشر روح فريق العمل، والالتزام فبما أن التخطيط الاستراتيجي يعتمد على مشاركة جميع من لهم اثر في تطبيق الخطة، فإنه ينتج عن ذلك نشر روح فريق العمل، ويلعب ذلك دوراً في تبادل الخبرات والأفكار، كما يؤصل مبدأ الالتزام حيث إن الجميع شاركوا في هذه الخطة، ولديهم القبول والقناعة بهذا العمل الذي يمثلهم جميعاً كما ينتج عن هذه المشاركة الاتصال المستمر بين هؤلاء المشاركين مما يؤثر بشكل كبير على متابعة نجاح الخطة وتنفيذها. وهذا من أهم ما يتميز به التخطيط الاستراتيجي حيث يقحم كل العوامل التي تؤثر إيجاباً أو سلباً في الخطة، والتي يأتي على رأسها البيئة والمجتمع. (الكريدا، 2000، ص 32)

التعامل مع العولمة بالاستفادة من ايجابياتها، وتجنب سلبياتها. إن القرية العالمية التي اعنها المفكر الكندي مارشال لوكهان (1968) قد أصبحت الآن حقيقة بدون أدنى شك. فليس المجتمع المعلوماتي فقط هو الذي يطغى على الحياة في العالم، ولكن العولمة تنتشر في جميع مناح الحياة بما فيها المجال التربوي. (بلة، 1999، 1117) ينقسم رد الفعل تجاه العولمة إلى قسمين:

هناك من يقول أن العولمة فرصة جيدة للتطوير والتغيير. وعلى النقيض فإن آخرين يرون أن العولمة كارثة مدمرة قادمة على الشعوب والأوطان. والتربية بكافة مستوياتها من مرحلة ما قبل الابتدائي حتى التعليم العالي، تلعب دوراً كبيراً في الاستفادة من ايجابيات العولمة وفي الحماية من مخاطرها. ويمكن أن تصاغ التربية بشكل يجعل الطلاب يفهمون الثقافة، والتاريخ، والأساس القيمي. ويمكن للتخطيط الاستراتيجي كونه يتميز بالشمولية، أن يؤثر في مواجهة العولمة، وكذلك الاستفادة من ايجابياتها ولكون التخطيط الاستراتيجي يتميز بإمكانية التعديل خلال تنفيذ الخطة فان ذلك يناسب مستوى التغير السريع في الوقت الحالي

عناصر الخطة الإستراتيجية:

المعتقدات:

أن أهم بداية للتخطيط الاستراتيجي هو تحديد المعتقدات أو الأسس التي يجب الالتزام بها عند ممارسة هذا النوع من التخطيط وتصف هده المعتقدات أو الأسس شخصية النظام التربوي ذلك يعني أن هذه المعتقدات يجب أن تعرض القيم التي يؤمن هذا النظام التربوي (؟) ولكل منظمة نظامها

القيمي وهذا النظام هو القاعدة الأخلاقية الملتزمة بها وتحديد المعتقدات يحقق أمرين مهمين هما:

1- تحديد النظام القيمي الذي تعتمد عليه بناء الخطة الإستراتيجية.

2- أنها تمثل شخصية النظام التي يعرف به ويحتاج تحديد المعتقدات الدقة من حيث الصياغة وكذلك قابلية التطبيق كما يجب أن تكون بسيطة التركيب وسهلة الفهم ومما يشترط فيها أيضا أن تكون شاملة وليست مرتبطة بوقت والأمثلة التالية يمكن اعتبارها معتقدات يمكن أن تطبق على النظام التعليمي للمنظمة.

1. لا يعمل شيء مناقض للعقيدة والدين.

2. ليس هناك شيء يتم انجاز دون مخاطر.

3. كل الناس لديهم قدرة غير محدودة.

4. التميز أجدر من التكلف.

5. كل الناس يمكن أن يتعلموا أي شيء.

6. التربية هي الأولوية الحقيقية لأي مجتمع.

7. كل شخص له الحق والنجاح بجدارته.

8. التفكير ذو قيمة اكبر من المعرفة.

9. كلما عظمت الآمال عظمت الانجازات. (كوك، 1996، ص 50)

الرؤية:

يعرف حلمي وآخرون (1423، ص 61) الرؤية حالة مستقبلية تنطبع في الذهن، وتستدعي التفكير في الوسائل التي تؤدي لجعل هذه الرؤية ممكنة التنفيذ. وهي حلم يتمناه القائمون على المؤسسة أو النظام ويعملون من أجل تحقيقه. وتساعد الرؤية أفراد المنظمة على:

1. تبني رؤية مشتركة يتقاسمها الجميع.

2. وضوح مسار واتجاه المنظمة المستقبلي.

3. ترشيد استخدام الموارد، وتحسين توظيف الطاقات.

4. وجود شعور بأن المنظمة منشغلة في أمر مهم للغاية وهو صناعة مستقبلها. (الحر، 2003، ص 63)

وتؤكد هند (هند، 1999، ص 192) بأنه يجب أن تكون الرؤية ذات وصف محكم لما يتطلع إليه المجتمع التربوي والمنظمة من خلال توظيف استراتجياتها. فجوهرها يعطي صورة حقيقية لنجاح العملة التخطيطية.

المهمة (الرسالة):

إن المهمة أو الرسالة يمكن التعبير عنها بكلمات قليلة لتبيان الغاية أو وظيفة المنظمة أو النظام التربوي وسبب وجودها وموقعها التربوي. وهي تعكس أيضاً كيف يؤثر النظام التربوي على الطالب وما يأمله المعلمون والإداريون وأولياء الأمور من أبناءهم وما الذي يجعل الطلاب يعترفون بالجميل بعد وصولهم إلى سن الرشد. (فيربال، 1998، ص 28) وعادة ما تكون المهمة أو الرسالة مصاغة في جملة واحدة، حيث تعكس الوضوح في التفكير

للنظام ووصف رؤية القادة. كما يجب أن تصف ما سيكون عليه النظام التربوي في المستقبل.

إن أول غاية للرسالة هو أن تكون حجر الأساس الذي يعتمد عليه الخطة بشكل كبير، فالخطة تنبع من الرسالة، ويجب أن يتم تقييم هذه الخطة على أساسها وذلك؛ لن جميع أجزاء الخطة الأخرى تتكاثف مع بعضها؛ لإثبات فعالية الرسالة. وباختصار فإن الرسالة تختبر الخطة والخطة تختبر الرسالة.

أما الغاية الثانية من الرسالة، فتتمثل في التطبيق والممارسة، فهي تخدم النظام التربوي في تركيز كل طاقاته على غرض واحد مشترك. ويجب فهم الرسالة من قبل كل عضو في النظام التربوي، وإلا لامكن حصول تصادم في الغايات والرغبات في حال نقص هذا الفهم وبالتالي نقص في الإنتاجية. إن الرسالة يجب أن تكون مؤشراً لحاضر النظام التربوي. ولا يمكن أن تصاغ هذه الرسالة إلا من قبل من ينتمون للنظام التربوي. والأسئلة التالية يمكن تساعد على صياغة الرسالة:

- ما هو هدفنا؟

- لم وجد النظام التربوي؟

- كيف يمكننا أن نؤثر على حياة الطلاب؟

- لم يرسل الآباء أبناءهم إلى مدارسنا؟

- لم يذهب معلمونا إلى المدارس؟

- ما الذي يدفعنا لأداء عملنا؟ ما الذي يقنعنا بذلك؟

- لم على الموارد الاجتماعية أن تدعم نظامنا التربوي؟

- ما المساهمات التي يمكن لنظامنا التربوي أن يقدمها للمجتمع؟

- ما الذي يمكن أن يقوله المتخرجون من نظامنا التعليمي في وصف تجربتهم، وما الذي نريده منهم؟

كما يذكر المغربي (1998، ص 71) بعض إبعاد الرسالة في التالي:

أن الرسالة تمثل الإطار المميز للمنظمة مما يشكل تفردها، وخصوصيتها، وهويتها عن المنظمات الأخرى.

توجه الرسالة كافة الممارسات، والتصرفات التي تقوم بها المنظمة، فهي تعد المبرر لوجود المنظمة.

تعد الرسالة الركيزة التي تبني عليها الغايات، والأساس في وضع الأهداف.

إن التعبير عن الرسالة يتم بشكل مجرد، وليس بشكل تفصيلي.

توضح الرسالة الاتجاه العام للمنظمة وطبيعة أعمالها.

ويذكر الحر (الحر، www.Alnoor-world.com) مواصفات الرسالة فيما يلي:

- إن تكون واضحة، وسهلة الفهم من قبل الجميع.

- أن تأتي مختصرة، وقصيرة يسهل تذكرها.

- أن تصف ما عليه المنظمة من حيث:

● تحديد الخدمة الرئيسية للمنظمة. أي ما العمل الذي تؤديه المنظمة؟ (What)

- تحديد الفئة المستهدفة. أي لمن تؤدي هذا العمل؟ (Who)
- تحديد الطريقة الرئيسية للمنظمة لتقديم الخدمة للمستفيد. أي كيف يؤدي هذا العمل؟ (How)
- تحديد الأسباب الرئيسية لوجود المؤسسة التربويـة. أي لماذا وجدت؟ (Why)

- تركز على محور استراتيجي محدد.
- تعبر عن تميز المؤسسة عن غيرها.
- واسعة من غير هلامية، محددة من غير تفصيل.
- تمثل المرجع الدائم للقرارات داخل المنظمة.
- تحاكي أعراف / فلسفة / قيم / معتقدات وتقاليد المنظمة.
- تعكس معايير قابلة للتحقيق.
- يتم صياغتها بطريقة تدفع الجميع، لتبنيها كرسالة للمنظمة.

المحددات الإستراتيجية:

المحددات الإستراتيجية هي الحدود التي يضعها النظام التربوي لنفسه لسبب جيد ومفضل والتي من خلالها يودي هذا النظام عمله . وهذه المحددات أما أن تكون أشياء لا يعملها النظام التربوي أبداً أو أشياء يعملها هذا النظام دائما . ولا تعتبر هذه المحددات سياسات ,,وليست قواعد أو إجراءات روتينيه أو إدارية أو أكاديمية .كما أنها ليست قيودا تفرض على النظام التربوي خارجيا أو داخليا وتلعب هذه المحددات دور نظام الإنذار عند إقدام النظام

على عمل شي من غير الصالح له أن يعمله . وهذا يساعد النظام على أن يكون أولا صادقا مع نفسه وان يكون صادقا مع الآخرين.

أن هناك عـده متطلبـات يجب أن تعمل عند صياغـة المحـددات (كوك، 1996، 51)

- يجب أن تكون قابلة للتطبيق الحيوية.

- يجب أن تكون قابله للتحكم

- يجب أن تكون نهائيه ولها مصطلحات مطلقه

وفيما يلي بعض الأمثلة لهذه المحددات:

X أننا لن نقبل أي برامج جديدة أو مشاريع أو أنشطة بدون.

● تحليل التكلفة المباشر (الايجابي)

● المشاركة في تطوير البرامج من قبل المستفيدين

● توفير التدريب للعاملين

● عمليه تقييم محددة

X لن نقبل أي عمل أو أحوال تقلل من شان أي شخص.

X سوف نطور البرامج التربوية وندعم الخدمات تجاوبا لحاجات الطلاب والمجتمع أكثر من زيادة تطوير الكفاية لدى العاملين

X لن نسمح لأي إجراءات أو سلوكيات تعيق نجاح الطالب

التحليل:

أن هناك نوعان أساسيان للتحليل التحليل الداخلي والتحليل الخارجي وكلا النوعين جزأين مهمين في العملية التخطيطية.

التحليل الداخلي:

يعتمد التحليل الداخلي على جزأين رئيسيين هما :نقاط القوة ونقاط الضعف.

نقاط القوة:

يمكن تعريف نقاط القوة: بأنها الصفات والظروف والحالات الجيدة التي يمكن أن تساهم في مقدرة النظام التربوي في تحقيق رسالته. ولهذا السبب فإن نقاط القوة المرتبطة بشكل مباشر بالرسالة يجب التركيز عليها من قبل المخططين. (الكرايدا، alkraida, 2000, p 26) وهذه بعض نقاط القوة التي يمكن أن تدعم رسالة النظام التربوي في المملكة:

- استعداد أفراد المجتمع في المشاركة في العملية التربوية في كثير من المناطق.

- إنجازات الطلاب إذا قيست بالدرجات التي حصلوا عليها.

- البرامج والمشاريع التربوية المعتمدة على تجارب سابقة.

- الابتعاث والدورات.

- الامتيازات المالية للعاملين.

نقاط الضعف:

إن نقاط الضعف يمكن أن تعرف بأنها الصفات، والظروف، والحالات، التي تمنع أو تعيق إدراك الرسالة وتحقيها. وحيث إن نقاط القوة تشير إلى الإنجازات فإن نقاط الضعف تشير إلى النقص أو عدم القدرة في الأداء. ويمكن اعتبار نقاط الضعف كناتج للتجاهل. ولهذا فمن غير الضروري أن تكون نقاط الضعف انعكاساً لقدرات أو حاجات النظام الحقيقية، بل يمكن أن تكون انعكاساً لأولوياتها أو القصور في طاقاتها. ولا يخلو أي نظام تربوي من نقاط الضعف، لكن الأهم هو معرفة تلك النقاط التي يمكن تجاوزها وتلك التي تؤثر تأثيراً جوهرياً على سير النظام التربوي (الكريدا، alkraida, 2000, p 26).

إن هناك نقاط ضعف لا يمكن تجاوزها، ولهذا من الأفضل أن تترك لأن مجابهتها تؤدي إلى إهداء الموارد وإرهاق النظام وضياع الوقت كنقاط الضعف التي لا يمكن حلها إلا من قبل الجهات العليا، وتحتاج إلى قرار سياسي أعلى يصعب اتخاذه في ظل الظروف الحالية، فالأفضل هنا التركيز على ما يمكن تجاوزه وحله وفق المعطيات والظروف التي يمكن أن تسهل ذلك وبالمقابل فإن الاهتمام بنقاط الضعف البسيطة، وإضافة الوقت في حلها يعتبر نوع من المغالاة وإعطاء الأمور أكبر من حجمها. ونقاط الضعف التالية يمكن أن تنطبق على النظام التعليمي في المملكة:

- عدم المساواة في توزيع المصادر المالية والإمدادات.
- عدم كفاية المعلمين في كثير من التخصصات.
- عدم الإخلاص من قبل كثير من العاملين.

- محاسبية غير ظاهرة على مختلف المستويات.

- عدم وضوح في كثير من التعليمات.

التحليل الخارجي:

يتم التحليل الخارجي على العوامل الاجتماعية، والاقتصادية، والسياسية، والتقنية، التي تحيط بالنظام التربوي. ويعتبر التخطيط الاستراتيجي التحليل الخارجي أحد أساسيات العملية التخطيطية كما يركز على فهم وتحديد حالات البيئة الخارجية التي لها علاقة مباشرة بالعملية التربوية، والنظام التربوي ولا يمكن الوصول إلى ذلك إلا عن طريق تحليل شامل لماضي وحاضر ومستقبل البيئة ومما يهدف التحليل الخارجي إليه ما يلي:

- زيادة مستوى الوعي على مختلف المجالات حول النظام التربوي، وتأثير مختلف العوامل عليه، وعلى مستقبله سواء إيجابياً أو سلبياً.

- وضع تنبؤات وخيارات حول التغير في البيئة الخارجية، بالاعتماد على الوضع الماضي والحاضر.

- تحديد أهم القضايا الخاصة بالبيئة الخارجية، والتي لها تأثير مباشر على القرارات التربوية، وهذا يجعل من هذه القضايا الأساس الذي تقوم عليها الخطة الإستراتيجية.

- التركيز على الأحداث الخفية، أو غير الواضحة؛ لتبيان كيف تؤثر على النظام والتخطيط التربوي حيث لا يمكن أن تكشف إلا بتحليل دقيق، ويجب إن ترتب هذه الأحداث حسب مدى تأثير على النظام التربوي.

- تحديد بعض المؤشرات لتأثير كل قضية؛ لاستخدامه في الأنشطة المتعلقة، بخطط العمل ووضعها بعين الاعتبار عند إعداد الخطط المستقبلية، بالإضافة إلى تعديل الخطط الحالية.

وبشكل عام فان التحليل الخارجي يهدف إلى رفع قدرة النظام التربوي في التحكم، والتأثير على عناصر التغير وقواها في البيئة الخارجية، وكذلك توجيهها بالطريقة المطلوبة ليستفيد والتي يمكن أن تحدث نتائج غير مرغوب بها على النظام التربوي، ولهذا فإنه من الضروري وجود نظام إنذار ذو فاعلية، يتابع التغيير الذي يحصل في البيئة الخارجية، ويحدد الأحداث المتغيرة. ويهدف نظام الإنذار هذا للتحكم بتأثير هذه الأحداث على النظام التربوي.

ويتركز التحليل الخارجي أيضاً على جانب مهم وهو الفرص والتهديدات حيث تعبر عن الاتجاهات، والأحداث، الاقتصادية، والاجتماعية، والحضارية، والديموغرافية، والبيئية، والسياسية، والقانونية، والحكومية، والتكنولوجية، والتنافسية، التي قد يترتب عليها منافع أو مضار كثيرة في المستقبل. وواقع الأمر أن الفرص والتهديدات تقع خارج نطاق سيطرة المنظمة، ولذا يستخدم معها في كثير من الأحيان كلمة "خارجية" (العارف، 2003، ص21).

الأهداف:

يقصد بالأهداف المقاصد أو الغايات التي ترغب المنظمة الوصول إليها في المستقبل، وتأتي في حدود الرسالة ومترجمة لها بصورة أكثر تفصيلاً وتحديداً وتحديد الأهداف ووضوحها هو الأساس؛ لتحقيق النجاح في أي أمر

من الأمور والتربية لا تستثنى من ذلك فالعمل التربوي شأنه شأن أي عمل إنساني يتطلب وضوحاً في الأهداف التي توجهه وتضمن له الاستمرار، والتأثير في المجتمع (حلمي وآخرون، 1423هـ ص 62).

وتعتبر الأهداف مؤشرات يمكن تحقيقها، ومن خلالها يمكن إقناع الآخرين بأن الغاية قد تم الوصول إليها. ويعد ارتباط الأهداف برسالة النظام التربوي ارتباطاً وثيقاً، بل إنها تنبثق من هذه الرسالة وهي تصف النتائج النهائية لعمل الطلاب في النظام التربوي كما تصف تحصيل الطالب أو أداؤه أو نجاحه قبل أو بعد التخرج ولكي يكون النظام التربوي صادقاً مع معتقداته فإنه يجب عليه أن يحقق أهدافه والتخطيط الاستراتيجي الحكيم يفترض أن يكون له أهداف محددة وكافية لإظهار الرؤية والى أي مدى يمكن أن تدرك الرسالة.

إن كثيراً من التربويين يجدون نوعاً من الصعوبة في صياغة الأهداف وذلك لأن منهم من يعتمد على طريقة التسيير، وتنفيذ الأوامر لا طريقة التخيير، واتخاذ القرارات، والتركيز على النتائج، ويجب أن تكون الأهداف قابلة للقياس وللإثبات والملاحظة لكي لا تتحول إلى حلم أو أمنية ويتعذر تحقيقها. وتعد الأهداف صورة كبيرة للطريقة التي يواجه فيها النظام التربوي احتياجاته ولا يمكن تحقيقها إلا بوجود التزام من قبل كل عضو في هذا النظام.

وتنقسم الأهداف في العملية التخطيطية إلى نوعين أساسيين:

1- الأهداف العامة حيث تتميز بالتركيز على المدى البعيد دون الدخول في التفصيل الدقيق حول الإجراءات التي يمكن إتباعها؛

لتحقيقها بالإضافة إلى عدم ربطها بنسب أو أرقام محددة، وعدم ارتباطها بزمن معين ويذكر الحر (الحر، 2003م، ص 106) أنه يجب أن لا تكون الأهداف العامة بدرجة من التفصيل أو التحديد التي تظهر فيه الأهداف الإجرائية.

2- الأهداف التفصيلية حيث يتم اشتقاقها من الأهداف العامة ويغلب عليها التفصيل الدقيق والقابلية للقياس. وعادة ما تكون الأهداف التفصيلية مرتبطة بأرقام أو نسب محدد أو مرتبطة بأزمنة معينة. ونصب الأهداف التفصيلية مجتمعة في تحقيق الأهداف العامة، حيث يمكن أن يتبع كل هدف عام مجموعة من الأهداف التفصيلية.

الاستراتيجيات:

كلمة إستراتيجية مستمدة من العمليات العسكرية وتعني في هذا الإطار تكوين التشكيلات وتوزيع الموارد الحربية بصورة معينة، وتحريك الوحدات العسكرية، وذلك لمواجهة تحركات العدو، أو للخروج من مأزق أو حصار، أو للانقضاض على العدو ومباغته، أو لتحسين المواقع، أو لانتهاز فرص ضعف العدو ويمكن تعريفها بشكل مبسط: بأنها أسلوب التحرك المرحلي لمواجهة تهديدات أو فرص بيئية، ويأخذ في الحسبان نقاط القوة والضعف الداخلية للمنظمة، ويسعى على تحقيق أهدافها ويتمشى مع سياساتها. (ماهر، ص 126)

إن مصطلح الإستراتيجية إنجليزي الأصل والمنشأ (Strategy) ويمكن أن تقابلها في المعنى بشكل كبير كلمة "صراط" وهي الخط العام أو

خط السير الذي تتخذه المنظمة وصولاً إلى غايتها، حيث تتعدد طرق الوصـول إليها (الحر، 2003، ص 3) كما يعرف هنري منتربرج (هنري منتربرج) الإستراتيجية أنها "الاتجاه" أو "العمل" الموضوع لتحقيق هدف ما وهي "الممر أو "الجسر" الذي يأخذها من هنا وهناك، وهي "الأسلوب" أو "النمط" أو طريق العمل والثبات على سلوك معين فالمؤسسة التي تدخل في مشاريع مخاطرة على سبيل المثال نقول عنها: إنها تتبنى إستراتيجية المخاطرة والإستراتيجية "مكان" أو "موقع" أي تحديد مكانة تريد الوصول إليها وهي "منظور" أو "صورة" تطمح المؤسسة إليها مستقبلاً (السويدان، 2003م، ص18) ويعـرف السعيـد وآخرون (السعيد وآخرون، 1422 ص ص 15، 16) الإستراتيجية بأنها تعني بصورة مجملة الأفكار والمبادئ الرئيسية التي تستخلص من النظر في المسائل الخاصة بمجال واسع نسبياً من مجالات الحياة، وتقدير أحوال وخصائصها واحتمالاتها، والتي تحدد مسارات العمل واتجاهاته في معالجة تلك المسائل من جميع جوانبها، وهي مسارات يتم اختيارها من بين عدد أكبر، وينطوي تحديدها واختيارها على شيء من المرونة التي تتيح تبديلها مراعاة للاحتمالات التي ينكشف عنها الواقع وتبدل الظروف، وهي بهذه المثابة تنطوي على التدبير والتفكير، وعلى الإرادة والاختيار، وعلى العمل والتدبير وتتميز جميعها بالشمولية والتكامل والمرونة في مواجهة احتمالات التغيير، وفي ظروف الواقع وأحواله، هي في العادة تقع وسطاً بين الاتجاهات العامة لسياسة وبين تخصيص الخطط والبرامج وتحديدها وقد نوجز تعريف الإستراتيجية بأنها "مجموعة الأفكار والمبادئ التي تناول ميداناً من ميادين النشاط الإنساني بصورة شاملة متكاملة، وتكون ذات دلالة على وسائل العمل ومتطلبات واتجاهات مساراته بقصد إحداث

تغيرات فيه وصولاً إلى أهداف محددة، وما دامت معنية بالمستقبل فإنها تأخذ بنظر الاعتبار احتمالات متعددة لإحداثه، فتنطوي على قابلية للتعديل وفقاً لمقتضياته، وهي تقع وسطاً بين السياسة وبين الخطة، والإستراتيجية بهذه الدلالات من المفاهيم التي أصبحت تستعمل في الدراسات المعنية بأساليب التخطيط والتدبير والتنظيم.

ويستخدم بعض المختصين مفهوم الإستراتيجية على انه مجموعة من الأهداف العامة المترابطة والمتسقة، التي يستهدف تطبيقها ، للإسهام في تحقيق التنمية الاقتصادية والاجتماعية والتي تشكل في مجموعها أهداف التنمية وأساليب استخدام الموارد المتاحة لضمان تحقيق مجموعة أهداف محددة بما في ذلك سياسات التنفيذ. كما يستخدم مفهوم الإستراتيجية في مجالات التخطيط الاستراتيجي بمعنى مجموعة البرامج المحققة لهدف من الأهداف التفصيلية".

وتعد الإستراتيجية من أهم أجزاء التخطيط الاستراتيجي حيث تتضمن التزامات باستخدام الموارد المتاحة في سبيل تحقيق الأهداف المرجوة بل أنها تمثل دورة الالتزامات في توظيف الموارد لتحقيق الأهداف. وتمثل هذه الموارد: الناس، التسهيلات، الأجهزة، الموارد المالية..الخ، ولا يمكن أن تعتبر الإستراتيجية إستراتيجية إلا إذا كانت تقدم استثماراً جديراً بالفائدة المرجوة. إن الاستراتجيات تؤشر إلى مدى التركيز في العملية المنظمة والأولويات والمعايير التي تقيس الأداء كما تعمل الإستراتيجية على توضيح الكيفية التي سيقوم بها النظام التربوي في تحقيق أهدافه كنتيجة لإدراك رسالة النظام. ولهذا فانه من الواجب أن تكون الاستراتيجيات قابلة للإدارة ومرنة في

تطبيقها عند ترجمتها إلى أفعال وعند وضع الاستراتجيات يجب أن تكون هناك استفادة من المسئولين لأخذ آرائهم والاستفادة من خبراتهم ويجب أن تكون الاستراتجيات ذات تأثير على النظام التربوي ومرنة بحيث تمكن المدارس والسياسات والوظائف الإدارية والمسئولين من اختيار الأنشطة المناسبة بالإضافة إلى مساهمة أعضاء هيئة المجتمع.

الخطط التشغيلية:

أن المكون الأخير للخطة الإستراتيجية هو الخطط التشغيلية وهو الوصـف المفصـل للأعمـال المطلوبة؛ لتحقيـق الاستراتيجيات المحدودة (Huggins, 1996 p38) وكل إستراتيجية لديها مجموعة من خطط العمل التي تشمل على عدة توجيهات وخطوات وأزمنة لتنفيذها بالإضافة إلى تحديد المسؤوليات، وتحليل التكاليف والعوائد وان دور الخطط التشغيلية هو ترجمة الاستراتيجيات إلى أعمال وتطبيق. ولكل خطة تشغيلية أهدافها الخاصة بها ويحكم عليها في النهاية حسب نتائجها الفعلية التي تصل إليها. أن صياغة الخطط التشغيلية يجب أن تعتمد على وجهة نظر تركز على أساس علمي تطبيقي. ويعني ذلك محتوى هذه الخطط يجب أن يكون تنبؤنا لها على أساس العلاقة الأساسية المتقدمة والمباشرة للسبب والنتيجة. وعلى الرغم من أن صياغة الخطط التشغيلية قد تختلف عن بعضها على أساس المحتوى والأداء إلا أنها لكي تكون قابلة للتطبيق يجب أن تشمل على الحد الأدنى من النقاط التالية:

- صلة واضحة ومحددة للاستراتجيات التي تدعمها.

- وصف مفصل لكل خطوة مطلوبة لانجاز الخطة.

– تحديد المسؤوليات والواجبات.

– تحليل التكلفة.

– خط زمني محدد للخطة.

ويؤكد كوك (كوك Cook, 1996 p62) على أن خطة العمل يجب أن تشمل الآتي:

– خطوات كيفية تنفيذ الخطة.

– وقت بداية ونهاية تنفيذ الخطة.

– الشخص المسئول عن الإشراف على تنفيذ الخطة.

– المصادر البشرية والمالية التي يحتاجها تنفذ الخطة.

– المؤشرات والمحددات التي توضح مدى نجاح تنفيذ الخطة.

وخلاصة لما ذكر عن التخطيط الاستراتيجي يمكن تلخيص عناصر الخطة الإستراتيجية بالأسئلة الثلاث الرئيسية التي تبدأ بالكلمات (ما)، و(ماذا)، و(كيف).

– ما هو نظامنا؟   (المعتقدات، الرسالة، المحددات)

– ماذا نريد؟   (الرؤية، الأهداف)

– كيف يمكن تحقيق ذلك؟   (الاستراتيجيات، وخطط العمل)

والشكل التالي (2) يوضح الخطة الإستراتيجية.

شكل (2) المعتقدات

المعتقدات

المحددات

الرؤية

الرسالة

الداخلي
الخارجي

التحليل

الأهداف

الاستراتيجيات

خطط العمل

شروط نجاح التخطيط الاستراتيجي:

لكي ينجح التخطيط الاستراتيجي في تحقيق أهدافه، لا بد من توافر مجموعة من الشروط يحددها اللوزي (اللوزي، 2000، ص 82) في الآتي:

1. **المشاركة الواسعة**: يتطلب التخطيط الاستراتيجي ضرورة توفر قاعدة للمشاركة الواسعة وفي كل المجالات الاجتماعية، والسياسية،

والاقتصادية، والإدارية، ففي التنمية الإدارية، لا بد من تطبيق فلسفة إدارية تفتح المجال لكل العاملين لإبداء الرأي والمشاركة، وتحمل المسؤولية في كل العمليات الإدارية، وتتوفر هذه الشروط في معظم الدول المتقدمة كقاعدة أساسية لنجاح التخطيط. ويشير إلى ذلك بله (بله، 1999، Billeh، ص 119) حيث يؤكد ضرورة مشاركة جميع الممثلين داخل وخارج النظام التعليمي في العملية التخطيطية، وفي صناعة السياسات بالإضافة إلى القطاعات المهنية والإنتاجية والخدمية خاصة في ظل وجود تقنيات المعلومات، والاتصال الحديثة التي تهيئ المشاركة لغير المشاركين الاعتياديين.

2. **المعلومات**: أن توفر قاعدة معلوماتية يعتبر عنصراً أساسياً لنجاح التخطيط، حيث يشير غياب هذه القاعدة إلى اعدم توفر الموضوعية، والمنهجية العلمية في التخطيط، واللجوء إلى المنهج التقليدي وممارسة العشوائية في كل ما يتعلق بالتنمية.

3. **الإرادة السياسية**: وهي القناعة الصادقة والنهج الواضح بضرورة استخدام التخطيط الاستراتيجي، والابتعاد عن العشوائية والأغراض الدعاية، إذ لا بد من الإيمان بالدراسة والبحث وجمع المعلومات وتوفير الكوادر البشرية الجيدة.

ويضيف الباحث الشروط التالية والتي يرى أنها أساسية لنجاح العملية التخطيطية:

1. **الدعم المالي الكافي**: حي يعد هذا الشرط من أهم الشروط التي يجب أن تؤخذ بعين الاعتبار في التخطيط بشكل عام، والتخطيط الاستراتيجي بشكل خاص، وبدون هذا الدعم سيكون كل العمل الذي يقدم حبراً على ورق. ولن يتم تطبيقه أو على الأقل ستكون نسبة النجاح ضعيفة جداً في حالة وجود دعم مالي غير كاف.

2. **الفريق المؤهل المتكامل في الخبرة والقدرات**: يحتاج التخطيط الإستراتيجي إلى المشاركة من قبل الجميع بمختلف الرؤى وطرق التفكير والتوجهات. وهذا يؤدي إلى التكامل. ولا يمكن إيجاد هذا التفعيل والكامل إلا بوجود فريق متخصص يقود العملية التخطيطية بالشكل المطلوب ويخرج بخطة متكاملة تشبع جميع التوجهات وتحقق جميع الأهداف على أكمل وجه.

3. **الالتزام (Commitment)**: من قبل جميع من يشارك في نجاح وفشل العملية التخطيطية وهذا هو العامل القوي في تحقيق التكامل بين مختلف القطاعات والأقسام.

مشكلات التخطيط في المملكة الاردنية الهاشمية:

يمكن تلخيص المشكلات التي يواجهها التخطيط التربوي في وزارة التربية والتعليم في المملكة الاردنية الهاشمية على النحو الآتي:

1. نقص الوعي التخطيطي:

إن من أهم المعوقات أو المشكلات التي يواجهها النظام التعليمي انقص الوعي التخطيطي لدى العاملين في هذا الميدان، ونقص معرفة أهمية العملية التخطيطية. وهذا النقص في الوعي التخطيطي يشمل المسئول في الميدان التربوي، والمنفذ وكل من يساهم في نجاح أو فشل العملية التخطيطية. ويعتمد نجاح التخطيط بشكل أساسي على تضافر الجهود فيما بين هؤلاء للاتفاق على رأي موحد، وإتباع إستراتيجية موحدة تنتهي بنجاح واحد. وينتج عن هذا النقص تذبذب الأخذ بمنهجية التخطيط بل يصل الأمر إلى رفض هذه المنهجية من قبل كثير منهم.

2. وجود مشكلات خاصة بالبيانات اللازمة للمخطط التربوي:

وتعتبر هذه المشكلة من أهم وأعظم المشكلات التي تقف عائقاً أمام عملية التخطيط. فالبيانات تمثل لبنة أساسية من لبنات التخطيط وتتمثل المشكلة الخاصة بالبيانات في ثلاث أنواع رئيسية:

أ. نقص هذه البيانات.

ب. عدم وضوحها ودقتها.

ج. صعوبة الحصول عليها.

كما تنقسم هذه البيانات إلى نوعين أساسيين:

أ. بيانات خارج النظام التعليمي وتشمل:

1. البيانات السكانية مثل (عدد السكان، الكثافة السكانية، وتوزيعها الجغرافي، معدل الخصوبة، معدل المواليد، معدل الوفيات، ومعدلات الهجرة الداخلية والخارجية، الخ..).

2. بيانات القوى العاملة، وحجم الاحتياج ومتطلبات سوق العمل من هذه القوى وتدريبهم وتوزيعهم حسب القطاعات والأنشطة، والتوزيع الجغرافي، لمن هم داخل قوة العمل ومن هم خارج قوة العمل.

3. البيانات الاقتصادية وتتمثل في معرفة الموارد المتاحة سواءً مادية أو بشرية، أو مالية، مصادر التمويل المختلفة، الناتج الوطني الخام، النسبة المئوية لنفقات التعليم، ومصادر تمويل الخطة إما محلياً، أو الصناديق الخاصة المختلف أو دولياً.

ب. بيانات من داخل النظام التعليمي:

1. بيانات عن الأهداف التعليمية من خلال دراسة خطط التنمية، والتوجهات السياسية، والاجتماعية، والاقتصادية.

2. بيانات عن المؤسسات التعليمية (المباني، هيئات التدريس، وسائل الاتصال بين مختلف القطاعات) وتوزيع كل ذلك حسب مختلف المجالات.

3. بيانات عن الطلاب وتوزيعاتهم حسب المرحلة – السن – الصف الدراسي –
   وكذلك البيانات الشخصية مثل الديانة، الجنسية، تاريخ الميلاد ومكانه
   الخ...)، معدلات الحضور والغياب والتأخر، معدل أداء الواجبات، معدل
   التردد على المكتبة، وسيلة الموصلات التي يستخدمها الطالب، معدل
   مشاركته في الأنشطة المختلفة، المستوى الاجتماعي والاقتصادي للطلاب،
   البيانات الخاصة بتطور إعداد الطلاب مثل معدل التسجيل، ومعدل القيد،
   ومعدلات التدفق (ترفيع، رسوب، تسرب، استبقاء، هدر).

4. بيانات عن هيئة التدريس والقوى البشرية وتشمل:

أ. بيانات عن الهيئة الإشرافية والإدارية على مستوى الوزارة وعلى مستوى
   المدارس.

ب. بيانات عن المعلمين.

5. بيانات عن المناهج ووصفها وأهدافها وطرق التدريس.

6. بيانات عن التقويم والاختبارات من ناحية السياسة المتبعة والمعايير،
   وأهداف التقويم.

7. بيانات عن البحوث والدراسات في مختلف المجالات وتساعد أساسياً في
   العملية تشخيص الوضع التعليمي.

8. بيانات عن التعليم غير النظامي لتحقيق التكامل معها عند إعداد الخطة.

3. **نقص الخبراء والأفراد المتخصصين في التخطيط التربوي وإعداد الخطط:**

يعاني النظام التعليمي في المملكة من نقص الكوادر البشرية المؤهلة لممارسة عملية التخطيط ولعل ذلك يعود لكون مفهوم التخطيط التربوي جديداً في هذا النظام. كما انه ليست هناك دراسات أكاديمية، أو تخصصات أكاديمية مركزة في المؤسسات العلمية في مجال التخطيط. فنادراً ما نجد في كليات التربية تخصصات في هذا المجال بل أن الإعداد في هذه الكليات أحياناً يتضمن مادة واحدة تعطي فكرة عامة عن هذا التخصص، مما يجله ذو أهمية ثانوية، يضاف إلى ما سبق أن الجهات التعليمية لا تعطي قدراً كافياً من الاهتمام لإعداد أفرادها لممارسة التخطيط كونها تحتاج إلى برامج تدريبية طويلة ومتوسطة وقصيرة المدى في إعدادها لأفرادها على كيفية إعداد الخطط التربوي، وكيفية متابعة تنفيذها، وتقويمها، وتوجيه منفذيها.

4. **نقص أو قلة الموارد المالية:**

وهي من أهم المشكلات التي يواجها النظام التعليمي في المملكة وهناك أربعة عوامل تلعب دوراً مهماً في نقص أو قلة هذه الموارد.

أ. انخفاض مستوى الدخل القومي للفرد حتى لو زاد المنصرف في التعليم فإذا لم تكن هناك زيادة في متوسط الدخل القومي لفرد أدى إلى بطء في معدلات التنمية والقطاعات الاقتصادية الأخرى مما يسبب مشكلات في التعليم وبالتالي فشل خطة التعليم.

ب. ارتفاع معدلات تكلفة التعليم من حيث:

● تكلفة الطالب.

● تكلفة المباني.

ج. ازدياد الحاجة إلى التوسع في التعليم وذلك لشدة الطلب الاجتماعي على التعليم.

د. استخدام الموارد المالية المخصصة للتعليم بالشكل غير المطلوب، ويتضح ذلك من كثرة المناقلات بين البنود في الميزانية.

هـ توجه (93%) من الميزانية إلى الباب الأول فيها والذي يمثل الرواتب، ناهيك عن الباب الثاني الخاص بالأجور والمكافئات.

5. الافتقار إلى القوى البشرية المؤهلة:

أن المشكلات الكبيرة التي يواجهها النظام التعليمي في المملكة هو الافتقار إلى القوى البشرية المؤهلة، والتي تشارك في تنفيذ الخطط التربوية، وإنجاح عملية التخطيط، وهذه المشكلة ترتبط ارتباطاً مباشراً في المشكلة الثانية من نقص الخبراء أو المتخصصين في هذا المجال لدورهم الأساس في نجاح العملية التخطيطية في المملكة.

6. عدم كفاءة الأجهزة والتنظيمات المختلفة المسئولة عن التخطيط:

ويمكن أن يكون ذلك بسبب سوء التنظيم في العمل في هذه الأجهزة، أو عدم مقدرة الإجراءات النظامية على التكامل مع عملية التخطيط أو تسوء الإدارة القائمة على تنفيذ الخطط التعليمية أو قصور النظام نفسه عن الوفاء

بمطالب التنمية الاجتماعية، والاقتصادية، حيث نجده يعتمد اعتماداً كبيراً على الجانب الكمي، ويهمل الجانب النوعي.

7. ارتفاع نسب الأمية:

حيث تعد من أهم العقبات والمشكلات التي يواجهها التخطيط، لأنه من أهم مقومات التخطيط المشاركة المجتمعية. وإذا كان المستوى العلمي لهذا المقوم منخفض أو متدني فان ذلك يعيق نجاح عملية التخطيط، بالإضافة لذلك، وكلما ارتفع المستوى العلمي لدى أفراد المجتمع كلما ارتفع مستوى الدخل وبالتالي فكلما تطورت التنمية الاقتصادية، تتحسن عملية التخطيط التي ترتبط ارتباطاً وثيقاً بالتنمية الاقتصادية.

8. توزيع الخدمات التربوية:

إن توزيع الخدمات التربوية لا يتم وفق رؤية وخطة واضحة، بل إن ذلك يعتمد على الاجتهاد مما يشكل إحدى أهم المشكلات التي يواجهها التخطيط ويعتمد أحياناً على تلبية الطلب الاجتماعي بنية تجنب المشكلات التي تحدث عند تنظيمها أو محاباتها لفئات معينة على حساب الاحتياج في مكان آخر.

9. لا يعتبر التخطيط موقفاً ذهنياً لدى بعض متخذي القرار:

ويعني ذلك أن التخطيط التربوي لا يحتل أي جزء من تفكير بعض المسئولين، وقد يرجع ذلك إما لجهل بأهميته أو لعدم القناعة بالتخطيط أو لعدم الرغبة بالالتزام وتحبيذ الارتجالية في العمل؛ أو لأن يتعارض مع مصالح شخصية.

10. **عدم وضوح دور التخطيط التربوي في التنمية الاقتصادية والاجتماعية:**

وذلك لعدم وجود التوافق بين وبين الظروف الاقتصادية، والاجتماعية في الدولة ولعدم وجود خطط وأهداف كبرى واضحة للتنمية الاقتصادية والاجتماعية مرتبطة بأهداف التعليم وبالتالي عجز النظام عن الوفاء بمطالب التنمية الاقتصادية والاجتماعية.

11. **تعدد الجهات التي تمارس التخطيط في الوزارة:**

ويمكن اختصار هذه الجهات كما يلي:

أ. **جهات تمارس التخطيط بشكل مباشر وهي:**

1. إدارة للتخطيط والإحصاءات العامة.
2. الإدارة العامة للإشراف التربوي والتطوير الإداري.
3. الإدارة العامة لاقتصاديات التعليم.

– **الإدارة العامة للتخطيط المدرسي.**

– مديرية المناهج (الإدارة العامة للمناهج).

ب. **جهات تمارس التخطيط بشكل غير مباشر:**

– اللجنة العليا لسياسة التعليم.

– الفريق الاستشاري لمعالي الوزير.

– مجلس التطوير التربوي.

– الأسر الوطنية.

12. **ضعف التنسيق بين مختلف قطاعات الوزارة وضعف الاتصال:**

وذلك لأنه ليس هناك آلية واضحة ودقيقة في العمل، والتنسيق بين مختلف قطاعات الوزارة، كما إنه ليس هناك نظام محاسبية قوي يلزم القطاع بالتنسيق مع القطاعات الأخرى ويحاسبه على القصور في ذلك. وقد سبب هذا تضارب بين مختلف القطاعات، وتكرار العمل فيها، حيث تجد أن قطاع ما يعمل على برنامج أو مشروع وفي نفس الوقت تجد أن القطاع الآخر يعمل نفس العمل بشكل آخر.

13. **عدم قبول الآخر:**

ويتمثل ذلك في أن بعض العاملين في الميدان التربوي يعتقدون أن لديهم الخبرة والمعرفة التي تزيد عما لدى الآخرين ولذا فهم ليسو بحاجة إلى الاستفادة من الآراء الأخرى. بالإضافة إلى ذلك، نجدهم يعتقدون أنهم هم الذين يعملون ويلتزمون ويتحملون أكثر من الآخرين وان قطاعاتهم أو إدارتهم هي الأهم مقارنة بالقطاعات أو الإدارات الأخرى. مما يسبب تعطيل تنفيذ الخطط وعدم قبول التوجيهات وزيادة العناد والمصادمة.

14. **مشكلة المباني المستأجرة:**

وتعد هذه المشكلة من اكبر العوائق أمام نجاح عملية التخطيط، وتمثل المدارس المستأجرة لدى وزارة التربية والتعليم ما نسبته (25.8%) من مجموع المدارس. وقد وصلت نسبة المباني المستأجرة إلى هذا الحد نتيجة لتزايد معدل النمو بسبب الزيادة السكانية مما أدى إلى زيادة الطلب الاجتماعي على التعليم مما اضطر الوزارة لاستئجار مباني ليست معدة أصلاً للعملية التعليمية.

فمساحات غرفها وصالاتها تقل عن المقاسات والمساحات الضرورية لأداء العملية التعليمية التربوية، ولا تتوفر بها الخدمات اللازمة أو الشروط الصحية الكافية من حيث الإضاءة الطبيعية أو التهوية، علاوة على عدم شمولها على عناصر هامة كال مختبرات ومصادر التعلم والقاعات والأفنية وكذلك عدم مناسبتها للأداء المطلوب للعملية التعليمية والتربوية وعدم صلاحيتها الوظيفية للمناهج والأنشطة غير الصفية. كل ذلك يقف عائقاً أمام التخطيط التربوي وعملياته وأمام نجاحه، وعلى الرغم من ذلك، فان هناك نوع من العشوائية في بناء المدارس المباني الحكومية نتيجة لعوامل متعددة.

المـراجـع

المراجـــع

أولاً: المراجع العربية:

1- ابن منظور.(1408هـ). لسان العرب المجلد الثاني عشر. بيروت: دار إحياء التراث العربي.

2- أحمد، إبراهيم أحمد .(1418هـ). الجوانب السلوكية في الإدارة المدرسية.

3- أحمد , إبراهيم أحمد. (1412هـ). رفع كفاءة الإدارة المدرسية. كلية التربية: جامعة بنها.

4- أحمد، شاكر محمد.(1996م). إدارة المنظفات التعليمية-رؤية معاصر بالأصول العامة, القاهرة: دار المعارف.

5- الياس، طه الحاج.(ب ت). الإدارة التربوية والقيادة مفاهيمها ووظائفها ونظرياتها. عمان الأردن: مكتبة الأقصى.

6- جعلوك، محمد علي.(ب ت). القادة: هل يولدون؟ أم يصنعون موسوعة العلوم الإدارية. دار الراتب الجامعية.

7- الجندي, عادل السيد.(2003م). الإدارة والتخطيط التعليمي الاستراتيجي. الرياض: مكتبة الرشد للنشر والتوزيع.

8- الحبيب (1), فهد بن إبراهيم.(1995م). التخطيط الاستراتيجي في التعليم. القاهرة: الدار العربية للنشر والتوزيع.

9- الحر, عبد العزيز بن محمد.(2003م). **التخطيط الاستراتيجي**. أدوات مدرسة المستقبل . الدوحة: مكتب التربية العربي / المركز العربي للتدريب التربوي.

10- حلمي فؤاد؛ السعيد, سعد؛ المنصور، عبدالله؛ الغياض, راشد؛ الكريدا, سليمان؛ عبد الرحمن, منصور.(1423هـ). **التخطيط التربوي- مبادئ وأساسيات**. الرياض: وزارة التربية والتعليم

11- الحملاوي, محمد رشاد (1993م)**. التخطيط الاستراتيجي**، القاهرة: مكتبة عين شمس.

12- الخطيب, رداح؛ الخطيب, أحمد؛ لفرح, وجيه. (1407هـ). **الإدارة والإشراف التربوي- اتجاهات حديثة**، الطبعة الثانية.

13- خليل، محمد الحاج؛ إلياس، طه الحاج. (1993م). **السلوك الإنساني في الإدارة التربوية.**عمان الأردن.

14- الدريج، محمد. (2000م). **الكفايات في التعليم**. الرباط: منشورات رمسيس.

15- ذوقان، عبيدات؛ عدس، عبد الرحمن؛ عبد الحق، كايد،.(2000).**البحث العلمي، مفهومة أدواته، اساليبه**. الرياض: دار اسامه للنشر والتوزيع.

16- الزهراني، سعد بن عبد الله. (1416هـ). **التخطيط الاستراتيجي في التربية**. جده: دار الشروق.

17- زيدان، محمد مصطفى. (ب ت). **عوامل الكفاية الإنتاجية في التربية**. جدة: دار الشروق.

18- السعيد، سعد؛ حلمي، فؤاد؛ المنصور، عبد الله؛ الغياض، راشد؛ الكريدا، سليمان؛ عبد الرحمن، منصور (1422هـ) **مفاهيم ومصطلحات التخطيط التربوي**، الرياض: وزارة التربية والتعليم.

19- السويدان، طارق بن محمد والدلوني، محمد أكرم. (2003م). **كيف تكتب خطة استراتيجية.** الكويت: شركة الإبداع الخليجي.

20- سليمان، عرفات عبد العزيز. (م1985). **استراتيجية الإدارة في التعليم.** القاهرة: مكتبة الأنجلو المصرية.

21- الشهري، عجلان بن محمد. (م1999).**تطوير القيادات الإدارية في الأجهزة الإدارية بين الواقع والتطلعات.** رسالة معهد الإدارة العامة ع 18 الرياض: معهد الإدارة العامة.

22- طاهر، جميل والعصفور، صالح (1966م) **الدليل الموحد لمفاهيم ومصطلحات التخطيط في دول مجلس التعاون لدول الخليج العربية.** الكويت: المعهد العربي للتخطيط.

23- العارف، نادية. (2003م). **التخطيط الاستراتيجي والعولمة.** الإسكندرية: الدار الجامعية للنشر.

24- عقيلي، عمر وصفي. (1996م). **إدارة القوى العاملة.** عمان: دار زهران للنشر والتوزيع.

25- الفايز، عبد الله بن عبد الرحمن. (1413هـ). **الإدارة التعليمية والإدارة المدرسية.** الرياض.

26- فهمي، محمد سيف الدين. (2000م). **التخطيط التعليمي، أسسة وأساليبه ومشكلاته.**القاهرة، مكتبة الأنجلو المصرية.

27- اللوزي، احمد.( ). **التخطيط والسياسات والاستراتيجيات**، القاهرة: الدار الجامعية للطبع والنشر والتوزيع.

28- المبعوث، محمد حسن. (1418هـ). **التخطيط التربوي بين النظرية والممارسة.** الرياض.

29- محمد، احمد علي. (1420هـ). **التخطيط التربوي، إطار تنموي جديد**، عمان الأردن: دار المناهج للنشر والتوزيع.

30- مدبولي، محمد عبد الخالق. (1432هـ). **التنمية المهنية للمعلمين الاتجاهات المعاصرة – المداخل - الاستراتيجية.** العين، الإمارات: دار الكتاب الجامعي.

31- مرسي، محمد منير. (1994م). **البحث التربوي وكيف نفهمه**، القاهرة: **عالم الكتب.**

32- مرسي، محمد منير. (1998م). **الإدارة التعليمية أصولها وتطبيقاتها.** القاهرة: عالم الكتب.

33- مرعي، توفيق.(1983م).**الكفايات التعليمية في ضوء النظم.** عمان الأردن: دار الفرقان.

34- مصطفى، صلاح؛ النابه، نجاه. (ب ت) **الإدارة التربوية- مفهومها ونظرياتها ووسائلها.** دبي : دار القلم.

35- مكتب التربية العربي لدول الخليج. (1423هـ). **دليل التخطيط لإعداد الخطط الوطنية**، الرياض.

36- المغربي، عبد الحميد. (1998م). **الإدارة الاستراتيجية لمواجهة تحديات القرن الحادي والعشرين.** القاهرة: مجموعة النيل العربية.

37- مكتب التربية العربي لدول الخليج. (1417هـ). **مشروع تطوير القيادات الإدارية في التربية.** رسالة الخليج ع 22 سنة 7 الرياض.

38- مكتب التربية العربي لدول الخليج. (1412هـ). **التربية في مجتمع متغير.** سلسلة مجموعة كتاب " التخطيط التربوي" الرياض.

39- النجار، فريد. (2003).**تنمية المهارت القيادية في منظمات التربية والتعليم.**الاسكندرية: المكتبة المصرية.

40- النمر، سعود؛ خافشجي، هاني؛ محمود؛ حمزاوي، محمد (2000م) **الإدارة العامة الأسس والوظائف.** الرياض: مكتبة الشقري.

41- الهواري، سيد. (1999م).**القائد التحويلي للعبور بالمنظمات إلى القرن الحادي والعشرين.**

42- **هوملنة، وليد؛ (علي. (ب ت)** مدخل إلى الإدارة التربوية الوظائف والمهارات. مكتبة الفلاح للنشر والتوزيع.

الدراسات والوثائق:

1. أبانمي، محمد بن عبد العزيز. (1514هـ) **الكفاءات اللازمة لمعلم التربية الإسلامية بالمرحلة الثانوية في المملكة العربي السعودية.** (رسالة ماجستير غير منشورة) الرياض: جامعة الملك سعود.

2. أبو السميد، سهيلة. (19985م). **إعداد برنامج لتنمية الكفايات التربوية لأعضاء هيئة التدريس في كليات المجتمع والكليات المتوسطة لإعداد المعمين في الأردن.** (رسالة دكتوراة غير منشورة) القاهرة: جامعة عين شمس.

3. الأزهري، محيي الديـن. (1992م). **القيادة والمديرون.** مجلة تجارة الرياض ع 362 الرياض.

4. البطي، عبد الله بن محمد (1425ه). **الكفايات اللازمة لمديري التعليم في المملكة العربية السعودية وأساليب تنميتها.** (رسالة دكتوراة غير منشورة) الرياض: جامعة الملك سعود.

5. الجبر، عبد الله بن عبد اللطيف. (1420). **دور مديري التعليم في تحقيق أهداف التعليم في ضوء مهامهم ومسؤولياتهم. دراسة ميدانية.** الرياض: جامعة الملك سعود.

6. الحبيب، فهد بن إبراهيم. (1995م). **الكفايات المهنية اللازم توافرها لدى مدير المدرسة كما يدركها الموجهون والمعلمون والمديرون أنفسهم.** القاهرة: جامعة الأزهر.

7. الخثيلة، هند بنت ماجد. (1420هـ) . **التخطيط الاستراتيجي في إدارة التعليم ما قبل المدرسة الابتدائية**. مجلة رسالة الخليج العربي، عدد 72. الرياض: مكتب التربية لدول الخليج العربي.

8. الخطيب، رداح. (1995). **الكفايات المهنية لمديري المدارس الثانوية في الأردن**. مجلة كلية التربية ع 11 م 2 أسيوط: جامعة أسيوط.

9. الخوالدة، محمد بن محمود. (1990). **تصورات المشتغلين في اعداد المعلمين للكفايات التعليمية اللازمة لمعلمي المرحلة الإلزامية في الأردن**. المجلة التربوية ع 22 م 6 الكويت: جامعة الكويت.

10. الدهش، عبد العزيز بن عبد الرحمن. (1422هـ). **التطوير المهني لمديري التعليم في المملكة العربية السعودية**. (رسالة دكتوراة غير منشورة). مكه المكرمة: جامعة أم القرى.

11. رضوان، شبكشي. (1421هـ). **القيادة الإدارية ودورها التنموي**. جريدة عكاظ سنة 42 ع 12501 جدة.

12. الرويلي، سعود بن عبد الله. (1421) **صنع القرار في إدارات تعليم البنين بالمملكة العربية السعودية**. (رسالة ماجستير غير منشورة) الرياض: جامعة الملك سعود.

13. الزهراني، محمد سعيد. (1414هـ). **الصلاحيات الممنوحة لمديري التعليم ودورها فيتحسين بعض عناصر العملة التعليمية**. (رسالة ماجستير غير منشورة) مكه المكرمه: جامعة أم القرى.

14. زيدان، همام بدراوي. (1409هـ). **كفايات المعلم في ضوء بعض مهام مهنة التعليم.** مجلة التربية ع 88 قطر: اللجة الوطنية القطرية للتربية والثقافة والعلوم.

15. السيد، يسري مصطفى. (ب ت) **تنمية الكفاية المهنية للمعلمات في كيفية إعداد الخطط العلاجية لتحسين المستوى التحصيلي للتلميذات الضعيفات.** ندوة تربوية. الإمارات: جامعة الإمارات العربية المتحدة.

16. الشريف، علي فهيد. (1416هـ), **أثر تعاقب القيادات الإدارية على كفاءات وفاعلية عملية الاتصال الرسمي.** (رسالة ماجستير غير منشورة) جدة: جامعة الملك عبد العزيز.

17. الشمري، عبد الرحمن بن محيسن. (1419هـ).**أساليب تنمية الكفايات المهنية لمديري مدارس التعليم العام بمدينة الرياض.** (رسالة ماجستير غير منشورة). الرياض: جامعة الملك سعود.

18. الطوبجي، حسين حمدي. (1987م). **الكفايات اللازمة لأداء مهام العاملين في وظائف التقنيات التربوية والمكتبـات المدرسيـة.** المجلـة التربوية ع 14 م 4. الكويت جامعة الكويت.

19. العارف، يوسف حسن؛ الجهني، عبد الله محمد. (1412هـ). **اختيار القيادات التربوية أساليب علمية.** ورقة عمل في اللقاء السنوي الثامن لمديري التربية والتعليم.

20. العابد، سلامة بن سلمان. (1419) **الكفايات التعليمية اللازمة لمعلمي الرياضيات بالمرحلة الثانوية.** (رسالة ماجستير غير منشورة). الرياض: جامعة الملك سعود.

21. العتيبي، لفا محمد. (1418هـ). **دور التوجيه التروبي في تطوير كفايات معلمي العلوم الشرعية بالمرحلة المتوسطة.** (رسالة ماجستير غير منشورة). الرياض: جامعة الملك سعود.

22. العريني، عبد العزيز بن عبد الله. (1424هـ). **الكفايات الأساسية لمديري مدارس التعليم العام في المملكة العربية السعودية.** (رسالة دكتوراه غير منشورة). الرياض: جامعة الملك سعود.

23. علقم، شفيق محمد. (1413هـ) **تطوير الإدارة التعليمية في ضوء الكفايات اللازمة لمديري التربية والتعليم في الأردن.** (رسالة دكتوراه غير منشورة) القاهرة: جامعة القاهرة.

24. علي، محمود عبد القادر. (1990م). **الإدارة والقيادة التربوية**، مجلة التربية ع 86 سنة 11، الإمارات العربية المتحدة: وزارة التربية والتعليم.

25. العيوني، صالح محمد. (1413هـ). **الكفايات التعليمية لمعلم العلوم في المرحلة الابتدائية بالمملكة العربية السعودية.** الرياض: جامعة الملك سعود.

26. عمار، حسين حسن. (1402هـ). **العملية الإدارية. محتوى تدريبي.** الرياض: معهد الإدارة العامة.

27. الغامدي، راشد بخيت. (1413هـ). **المركزية في الإدارة التعليمية كما تراها إدارات التعليم في المملكة.** (رسالة ماجستير غير منشورة) مكة المكرمة: جامعة أم القرى.

28. المالكي، حسني بلقاسم. (1418هـ). **السلوك القيادي لمديري التعليم في المملكة العربية السعودية.** (رسالة ماجستير غير منشورة). مكة المكرمة: جامعة أم القرى.

29. مرعي، توفيق أحمد وصباريني، محمد سعيد وصوالحة، محمـد أحمد. (1992م). **آراء المشرفين التربويين في الأردن في مدى تمكنهم من الكفايات الأدائية الأساسية ومدى استخدامهم لها.** مجلـة دراسات تربوية، م7 جزء 45 القاهرة: عالم الكتب.

30. الملا، عيسى علي.(ب ت) **تكييف القيادات الإدارية في المؤسسات.** مجلة الدفاع. عدد 107.

31. المنصور، عبد الله بن محمد. (1420هـ). **التخطيط التربوي ومدى استخدام الخريطة المدرسية والتربوية في وزارة التربية والتعليم** (تقرير). الرياض وزارة التربية والتعليم.

32. مهدي، عباس؛ الدفاع، ماجد؛ طعمه، حمد. (1988م). **قياس القدرة على القيادة التربوية لرؤساء الأقسام العلمية في كليات جامعة بغداد.** مجلة العلوم التربوية والنفسية ع10، بغداد: الجمعية العرقية للعلوم التربوية والنفسية.

33. المهنا، محمد بن سليمان. (1418هـ). **واقع الصلاحيات الممنوحة لمديري التعليم والعوامل المؤثرة فيها.** (رسالة ماجستير غير منشورة). الرياض: جامعة الملك سعود.

34. نصير، نعيم. (1998م). **القيادة في الإدارة العربية وموقعها من النظريات المعاصرة والتراث العربي الإسلامي.** المنظمة العربية للعلوم الإدارية.

35. الهاشل، سعد جاسم. (1407هـ). **القيادة التربوية في الفكر المعاصر،** مجلة حولية كلية التربية سنة 5 ع 5 . قطر: جامعة قطر.

ثانياً: المراجع الأجنبية:

1. Alkraida, Sulaiman (2000). *A proposal for introducing strategic planning in the GEDs in Kingdom of Sasudi Arabia.* Paper presented in the XXXV Session 1999/2000, Paris: Unesco, HEP.

2. Bartholomew, Walter .(2002) *Leadership Values and Roles of Florida School District Superintendents.(Unpublished* doctoral dissertation). Florida: University of Central Florida.

3. Barry, W. (1997). *Strategic Planning Workbook for Nonprofit* **Organizations.** St. Paul. M N: Amherst H. Wilder Foundation.

4. Bertrand, Olivier .(1992). *Planning human resources: method, experiences and practices,* Paris: UNESCO, IIEP.

5. Billeh, Victor. (1999) *Educational Reform: A global Commitment,* a paper presented in the 1st International Conference on Educational Reform in the UAE. MOEY.

6. Caillods, F. et a). (1989). *The Prospects for educational planning.* Paris: UNESCO-HEP.

7. Cook, W. (1996). *The planning Discipline:* Cambridge. Colonial-Cambridge.

8. Davics B. and Ellison L.(1997). *School Leadership for She 21st Century-* London: Routledge.

9. El-Hout, M. (1994). *Strategic Planning for educational .system: Necessity and Methodology.* Journal of Educational Planning and Administration. Vol VIII No. 1.

10. Fisher, C. (2001). *Career-Threatened Principals.: Virginia Superintendents views,* (unpublished doctoral dissertation) Blacksburg, Virginia: State University.

11. Greenfield, 1(2000) Competency-Based Education: What, Why and How? www.asaenet.org .

12. Harris, B. and Ho, W. (1996). *Executive Staffing Competencies Relating to Human Resources Practices*. Journal of Personnel Evaluation in Education Vol 10 N.2 Netherlands: academic Publishers, Boston.

13. Hind Ian. (1999) *Strategic Planning for Education Reform*, a paper presented in the T International Conference on Educational Reform in the UAE. MOEY.

14. Hoffmann, Tcrrcnce.(1999). *The meanings of competency*. Journal of European Industrial Training, vol.23 Issue 6 Victoria, Australia: JEIT.

15. Huggins, L. (1 996). *Creating Action Plans, A reference Manual* the Cambridge Group. Cambridge: Colonial-Cambridge Management Group.

16. Varbel, D. ct al. (1 998). *Reference Guide to Continuous Improvement Planning*. Ohio, Pomeroy: Department of Education.

17. www.aliltijari.gotevot.edu.sa .

18. www.alnoor-world.cow .

19. http://education.umn.edu/EdPA/licensure/comp-Sup.html .

20.http://www.in.gov/psb/standards/DistrictAdminConlStds,html

21.http://www.infed.org/biblio/bcomp.htm#what%20is%20competence? .

22. http://www.asaenet.org .

23. http://www.nic.gov.ye/site .